KB049938

책세상문고 · 우리시대

인간의 옷을
입은 성서

책세상문고 · 우리시대

인간의
옷을
입은
성서

김호경

책세상

마틴 루터 킹의 유명한 연설을 빌려 표현해보자면, 내게
도 꿈이 있다. 물론 나의 꿈은 그의 거대한 포부에 못 미치는
것이어서 민망하긴 하지만 내게도 꿈 비슷한 것이 있다. 나
의 바람은 신학자가 되는 것이다. 물론 이미 신학으로 학위
를 받았으니, 변변치 못하긴 하지만 신학자로 불린다. 그러
니 신학자가 되고 싶다는 나의 바람은 뜬금없는 것이기도 하
다. 그러나 이것은 분명히 나에게 절실한 바람이다. 느닷없
이 신학자가 되고 싶은 까닭은 '신학자란 과연 무엇을 하는
자인가?'라는 질문에 직면했기 때문이다. 신학자인 나는 무
엇을 하는 사람인가? 나는 《신약성서》로 박사학위를 받았고
대학에서 《신약성서》를 강의하며 《신약성서》를 다룬 그럴듯
한 논문을 내놓기도 한다. 그러나 이러한 행위들이 신학자인
나의 정체성을 확인하기에 충분한 조건이 될 수 있는가? 다
른 사람들이 어떤 평가를 내리든 스스로 '그렇다'고 답하기
는 어렵다. 내가 신학자로 존재하기 위해서는 무언가 또다른

행위들을 해야 할 것 같다.

아시아에서 오랫동안 활동한 신학자 다니엘 애덤스D. J. Adams는 신학자의 정체성을 그가 속한 공동체의 특성과 연결한다.[1] 그는 신학자가 속한 공동체와 거기서 나온 신학적 관심을 연결함으로써 신학이란 무엇인가라는 질문에 답한다. 이러한 관점은 아시아라는 낯선 땅에서 서구 신학자로서 신학을 연구한 경험에서 우러나온 것이다. 그는 서구 중심 신학을 아시아라는 새로운 환경에 그대로 적용할 수 없음을 간파했다. 새로운 환경에 맞는 새로운 신학이 필요했던 것이다. 이에 따라 그는 신학자의 역할을 자신이 속한 문화를 이해하는 것으로 확장시킨다. 나는 상황 이해를 통해서 신학을 폭넓게 정의하는 그의 시각에 동감하거니와, 그가 새롭게 내놓은 신학자의 모습도 신학자가 되고 싶은 나의 바람과 맞아떨어지기에 그에게서 많은 희망을 얻었다.

애덤스는 신학자가 속한 공동체로 인간 공동체, 믿음 공동체, 기독교 공동체, 배우는 공동체 등을 언급한다. 신학자를 기독교의 테두리 안에서만 생각하는 것이 일반적인 데 비해 그의 범주는 개방성과 다양성을 드러낸다. 그가 강조하려는 것은 신학자는 기독교인일 뿐만 아니라 한 인간이고, 다양한 종교 가운데 하나를 믿는 자이며, 지금 알고 있는 것에 만족하지 않는 자라는 것이다. 따라서 인간 공동체에 속한 자이기 때문에 신학적 관심은 인간을 향한 것이어야 하며, 믿음의 공동체에 속한 자이기 때문에 신학적 정의는 하나님에 대한 것이어야 한다. 또 기독교 공동체에 속한 자이기 때문에 신학적 배경은 교회와 연결된 것이어야 하며, 배우는 공동체에 속한 자이기 때문에 신학적 과제는 진리 탐구여야 한다.

이처럼 신학자가 속한 공동체와 신학적 주제를 연결하는 것은 신학에서 다루는 인간이나 하나님, 교회, 진리가 신학자의 구체적인 삶, 즉 그가 속한 역사적, 문화적, 사회적 배경과 무관할 수 없음을 드러낸다. 신학자는 역사와 더불어 역사 속의 사람들에게 무엇인가를 말할 수 있는 사람이어야 한다. 신학자가 하나님과 진리, 인간과 교회를 말하고자 한다면, 그것은 결국 역사와 시대를 신학의 눈으로 해석하는 것이다.

여기에 내가 되고 싶은 신학자의 모습이 있다. 여기서 나는 나 자신에게 묻는다. 세상에 대해서 나는 무엇을 말할 수 있는가? 우리 시대의 역사 속에서 나는 어떻게 신학자로 존재할 수 있는가? 돌아보니 성서신학자인 나는 성서의 의미를 드러내는 데만 치중해왔고, 그것을 가르치는 일에서 보람을 찾아왔다. 나에게 성서를 읽는 것은 늘 '그때' 일어난 과거의 일을 분석하는 것일 뿐, 거기서 더 나아가지 못했다. 기독교 신자들도 간혹 목사님들이 제발 성서만 제대로 이해할 수 있도록 설교를 했으면 좋겠다고 말한다. 나는 이 불평을 비켜 갈 수 있는 사람이었다.

그러나 얼마 전부터 성서 구문을 분석하는 것만으로는 모자라다는 느낌이 들었다. 성서의 역사와 나의 역사를 연결할 수 있을 때 성서를 성서답게 하고 나를 신학자답게 할 수 있으리라. 이제 비로소 신학자가 되고 싶다는 바람, 성서와 더불어 세상을 읽고 싶다는 바람이 생겼다. 그러고 보니 세상을 읽고 싶다는 바람은 새로운 것이 아니다. 아득히 먼 대학 시절부터 역사를 비평해보고 싶다는 야무진 포부가 있었다. 내 꿈은 소위 문명을 비평하는 것이었다. 시간이 아주 많이 흐른 이제야, 나는 옛 꿈을 실현할 수 있는 길을 알게 되었다. 나의 신학적 전망을 통해서 우리가 있는 역사, 우리가 살고 있는 세상을 해석할 수 있다는 것을 알게 되었다.

무엇인가를 해석하려면 해석자의 전망이 필요하다. 이 해석학적 전망의 차이가 같은 사물을 다르게 보이게도 한다. 내가 신학자라는 사실은 내 신학적 전망, 즉 내가 갖고 있는 신학적 틀을 통해서 내가 사는 세상을 읽어낼 수 있어야 한다는 의미일 것이다. 나는 성서를 읽으며 또 그것을 통해서 세상을 읽으려 한다. 세상을 읽는 사람, 즉 세상에 끊임없이 신학적 해석을 더해주는 사람, 이것이 내가 되고픈 신학자이다. 아직도 신학자라는 호칭이 낯설지만, 그럼에도 신학자를 꿈꾸는 것은 세상을 읽는 능력이 부족하기 때문일 것이다.

따라서 이 책은 성서를 통해서 어떻게 세상을 해석해내는지 구체적인 모습을 보여주지는 못한다. 다만 내 섣부른 꿈을 이루기 위한 첫걸음일 뿐이다. 종종 일반인들이 성서에 대해 갖는 선입견들과 만난다. 그들은 기독교인일 수도 있고 기독교인이 아닐 수도 있다. 그런데 대부분 성서가 어렵고 가까이하기 힘든 책이거나 아주 지루한 책이라고 말한다. 성서를 다루기 힘든 책으로 본다면, 성서를 통해서 세상을 보는 일은 더욱 가당찮은 일이다. 이 책에서는 성서가 어떤 책인지를 설명해보려 한다. 그렇다고 해서 '성서는 무엇인가?'를 밝히려고 하는 것은 아니다. 이 책의 밑바탕에는 늘 '성서를 읽는 것은 무엇을 의미하는가?'라는 질문이 놓여 있다. 그래서 아예 책 제목을 '성서를 읽는 것은 무엇을 의미하는가?'로 붙일까도 생각했다. 단도직입적으로 단지 성서의 정의와 특성만이 아니라 성서의 기능도 드러내고 싶었다. 그러나 접어두기로 했다. 너무 원색적이지 않은가!

　말하려는 바가 글 속에 분명하게 드러나야겠지만, 책을 읽으며 책이 어떤 목적을 향해 나아가는지를 추론해내는 즐거움은 분명 독자들 몫이다. 나는 독자들과 함께 성서의 세계로 들어가 그 속에서 거닐다가, 다시 세상으로 나오려 한다. 비록 짧은 동행이지만 이 여행을 통해서 독자들이 성서를 재미있는 책으로, 한번쯤 읽어보고 싶은 책으로 느낄 수 있었으면 한다. 그리고 한번쯤은 성서로 세상을 읽는 것도 괜찮은 일이라고 생각해주기를 바란다. 또한 이 책이 성서에 대한 오해를 풀고 그릇된 해석들을 바로잡는 데 도움이 되었으면 한다. 너무 과한 꿈일까?

이 책에서 다루는 성서는 《신약성서》이며 인용하는 성서 구문들은 주로 복음서들에서 뽑았다. 짧은 글에서 성서를 모두 다루기도 벅차거니와 주제를 한정하기 위해서다. 이 책에서는 성서의 특징을 주로 예수의 선포와 행위를 통해서 드러낼 것이다.

우선 1장에서는 그 동안 성서를 어떻게 이해해왔는지 살펴보려고 한다. 성서의 권위란 무엇인지, 성서를 읽는다는 것은 무엇을 뜻하는지 등을 이야기할 것이다. 이러한 내용을 통해서, 성서의 가장 기본적인 특성들과 성서 해석의 필요성을 드러내려 한다. 2장에서는 성서의 특징 가운데 하나인 성서의 다양성에 대해서 살펴볼 것이다. 《신약성서》에는 예수를 보는 관점이 다양하게 들어 있다. 다양한 사건들을 이야기할 뿐만 아니라, 심지어 같은 사건도 서로 다르게 이야기한다. 왜 다른지, 그것이 무엇을 의미하는지, 그것을 어떻게 이해해야 할 것인지 등을 복음서들을 비교함으로써 살펴볼 것이다.

3장에서는 《신약성서》의 통일성을 이야기한다. 통일성과 다양성은 성서의 특징을 이루는 두 축이기 때문에 함께 다루어야 한다. 그리고 예수의 말씀과 행위에 내포된 의미를 통해서 성서의 통일성을 밝혀보려 한다. 또한 예수가 왜 적대자들과 싸우고 죽기까지 했는지를 살핌으로써 《신약성서》

가 전하는 메시지가 무엇인지 알아볼 것이다. 그리고 마지막으로 앞의 논의들을 통해서 이 책이 말하려는 바가 무엇인지, 다양한 성서의 이야기들이 무엇을 지향하고 있는지, 그 다양성과 통일성의 의미는 무엇인지를 살펴볼 것이다.

제 1 장   **성서를
향해서**

1. 별 헤는 밤 — 신화적 그림자의 허와 실

(1) 베스트셀러의 비애

성서를 말할 때면 늘 어디에서 시작해야 할지 망설여진다. 어떻게 이야기를 꺼내 접근할 것인지가 상황에 따라서 매우 중요한 변수로 작용하기 때문이다. 가장 좋은 방법은 상대방의 관심에서 출발하는 것인 듯하다. 아무 관심 없는 사람에게 또는 전혀 다른 방향에서 성서를 이해하고 있는 사람에게 일방적으로 자신의 주장을 펴는 것은 참 피곤한 일이다. 이렇게 하면 성서에 대한 싫증만 일으킬 뿐이다.

책을 쓸 때는 더 난감하다. 물론 저자는 일정한 독자층을 상정하지만, 바리케이드를 치듯 포토라인을 그어놓듯 단호하게 경계를 정하고 출입 금지를 외칠 수는 없다. 더욱이 이 책처럼 길잡이의 성격을 띠는 경우는 독자층을 하나의 집단으로 한정할 수 없기에 더 막막하다. 누구에게 무엇을 어떻게 말할 것인가? 그리고 어디서 시작할 것인가?

이 책의 독자를 기독교인과 비기독교인으로 구분하는 것은 그리 좋은 방법이 아니며, 책을 쓰는 취지에도 맞지 않는다. 이 책을 통해 나는, 성서는 기독교라는 특정 종교의 경전이긴 하지만 종교와 관계없이 성서가 어떤 책인지, 성서를 읽는다는 것이 무엇을 의미하는지를 모두에게 보여주고 싶다. 기독교인이든 비기독교인이든 여러 가지 면에서 성서를 오해하고 있다. 어떤 이들은 성서를 너무 부풀려 이해하며, 어떤 이들은 성서를 턱없이 무시하려 든다. 그리고 늘 특정인들만을 위한 특별한 책으로 생각한다. 이 특별함은 종종 배타성으로 이어져 색안경을 끼고 성서의 이야기를 보게 한다. 이 색안경이 나와 너를 가르고, 이편과 저편을 나누는 데 큰 구실이 된다.

흔히 알고 있는 바와 같이 성서는 오랫동안 베스트셀러의 자리를 지켜왔다. 물론 선교를 위해 무료로 배포할 때가 많은 성서에 베스트셀러라는 말을 쓰는 것이 어색할지도 모른다. 그러나 베스트셀러가 결과적으로 많은 사람들이 읽는 책이라면, 성서가 이 대열에 끼는 것을 굳이 반대할 이유는 없다. 성서는 지금까지 366개 언어로 출간되었다. 그러나 이것은 성서 전체를 번역한 경우이고, 《신약성서》는 928개 언어로 옮겨졌으며, 성서 가운데 최소한 한 편 이상의 텍스트가 918개 언어로 번역되었다. 세계 곳곳에 성서가 들어가지 않은 곳이 없다는 얘기다.

성서는 지구촌 구석구석의 사람들에게 이스라엘이라는 낯선 땅에서 살았던 한 사람을, 또는 그의 말씀을 전하기 위해 온 힘을 쏟고 있다. 그러나 이러한 놀랄 만한 보급률만큼 성서의 메시지가 제대로 전달되었는지는 의심스럽다. 많은 사람들이 성서를 지니고 있긴 하지만 그렇다고 꼭 성서를 읽는 것은 아니다. 그리고 많은 사람들이 성서를 읽지만 제대로 이해하지는 못한다. 여기에 베스트셀러의 비애가 있다. 성서는 그냥 꽂아두는 책으로 전락하거나 오리무중의 옛 이야기 묶음으로 방치된다. 혹은 너무 의미심장해서 가까이 가기에는 너무 먼 신비의 다발이 된다.

학생들에게 성서를 어떻게 생각하느냐고 물으면 으레 극단적인 찬사와 거부로 대답이 나뉜다. 거부의 편에 선 대표적인 대답은, 성서는 무지 지루하다는 것이다. 《신약성서》 첫머리에 나오는 〈마태복음〉의 족보를 다 읽기도 전에 잠들었다는 그 학생은 자신이 왜 예수의 족보를 읽어야 하는지 이해할 수 없다고 했다. 말도 안 되는 예수의 기적 때문에 성서를 받아들일 수 없다고 말한 학생도 있다. 황당한 성서의 이야기들에서 오는 거부감이다. 그러나 이해할 수 없는 것은 인정할 수 없다는 이러한 주장에는 당연히 반발이 따르기 마련이다. 다른 한 편의 학생들은 꿀송이보다 더 단 성서의 말씀을 지루하다고 말하는 것조차 이해하지 못한다. 그들은 예수 그리스도에게 인간의 잣대를 들이대는 것조차 허용하지 않는다. 결국 이들의 의견 차이는 성서를 어떻게 이해하느냐 하는 문제와 연결되어 있다. 어떤 이들은 성서는 비이성적이고 모순적이어서 믿을 만한 것이 못 된다고 한다. 어떤 이들은 전적으로 하나님의 계시로 씌어진 것이기 때문에, 성서의 불투명성이 바로 성서의 신빙성과 인간의 한계를 드러낸다고 말한다.

너무나 멀리 떨어져 있는 이 둘은 영원히 만날 수 없을 것만 같다. 저마다 좋은 대로 생각하도록 그대로 놔두고 싶기도 하다. 그러나 문제는 그리 간단하지가 않다. 후자의 그룹에는 당연히 기독교인들이 대부분이지만, 전자의 그룹에는 반드시 비기독교인들만 있는 것이 아니기 때문이다. 기독교 신자들도 성서를 어떻게 받아들여야 할지, 우리의 이성이 그렇게 맥을 못 출 수 있는 것인지 고민에 빠지곤 한다. 기독교 신앙 안에서 성서의 계시성을 인정한다고 하더라도 하나님의 계시로서 성서가 무엇을 의미하는지는 여전히 의심스러워한다. 그러니 성서를 이해하려는 노력은 기독교인과 비기독교인으로 나누어 생각할 일이 아니다. 어느 면에서 성서는 우리 모두의 발목을 잡고 있다. 읽지 않자니 베스트셀러이자 경전이라 읽어야 할 것 같고, 읽자니 선뜻 마음이 내키지 않으니 말이다.

(2) 제도화와 신성화

성서의 권위를 드러내는 다음의 구절은 기독교인들이 성서를 어떻게 이해하는지 알려준다.

모든 성경은 하나님의 감동으로 된 것으로 교훈과 책망과 바르게 함과 의로 교육하기에 유익하니 이는 하나님의 사람으로 온전케 하며 모든 선한 일을 행하기에 온전케 하려 함이니라(〈디모데 후서〉 3 : 16~17).

사람들을 교육하는 성서의 기능을 언급하면서 성서가 하나님의 감동으로 씌어진 것임을 강조하는 내용이다. 성서는 하나님의 계시로 씌어진 책이기 때문에 사람들을 가르치고 바른 길로 인도할 수 있다는 것이다. 물론 이 구절 자체에는 이견이 없다. 성서를 기독교의 경전으로 받아들이는 한, 경전의 권위를 그들이 믿는 하나님과 연결하는 것은 지극히 당연한 일이기 때문이다.

문제는, 성서의 권위를 하나님에게서 찾는 것이 무엇을 의미하며, 그것이 어떻게 발전해서 어떤 영향을 미쳤는가 하는 것이다. 이 문제를 알려면 먼저 성서를 제대로 알아야 한다. 하나로 묶여 성서라고 불리는 이 책은 한 사람이 하나의 주제를 이야기하기 위해서 써 내려간 것이 아니다.《구약성서》는 각각 다른 39권의 책을 묶은 것이며, 우리가 다룰《신약성서》에는 27권이 함께 묶여 있다. 성서에 들어가는 66권의 책들을 보면 비슷한 시기에 씌어진 것들도 있고 한 사람이 여러 권을 쓴 경우도 있기는 하지만, 기본적으로 서로 다른 시기에 서로 다른 저자가 쓴 것이다.

《신약성서》의 각 복음서마다 쓴 사람과 시기가 다르다는 것은 성서를 이해하는 데 매우 중요한 사실이다. 시기와 저자가 다르다는 것은 곧 복음서를 쓴 목적이 다르다는 말이다. 성서의 각 복음서들은 저마다 다른 목적이 있으며, 그 목적은 씌어질 당시의 교회 공동체의 상황이나 시대 상황과 관련이 있다. 그러므로 성서의 권위를 강조한 위의 구절을 읽을 때도 왜 그때 성서의 권위를 강조해야 했는지 살펴보아야 한다. 27권이나 되는 《신약성서》 가운데 유독 여기서 성서의 권위를 강조하고 있다면, 그래야만 하는 정황이 있지 않을까.

〈디모데전후서〉는 저자가 디모데에게 어떻게 교회를 치리治理할 것인지를 알려주는 서신이다. 이 서신의 일차적 목적은 교회를 잘 다스릴 수 있게 하려는 목회론적인 것이다. 물론 《신약성서》의 모든 복음서들은 일차적으로 교회 공동체를 잘 유지하기 위해 씌어졌다. 그러나 〈디모데전후서〉는 이러한 목회론적 목적을 훨씬 강하고 분명하게 전면에 내세우고 있다. 〈디모데전후서〉가 교회의 치리를 강조하는 것은 그것이 씌어진 시기와 무관하지 않다. 전통적으로 〈디모데전후서〉는 바울이 썼다고 알려져 있지만, 바울의 서신으로 보기는 어렵다. 바울의 서신에서 보이는 신학적 특징들이 이 서신에는 나타나지 않으며, 바울보다 훨씬 후대의 상황을 드러내기 때문이다.[2] 일반적으로 바울의 서신으로 받아들여지는 것들이 기원후 50년대에 씌어진 데 비해서, 〈디모데전후서〉는 기원후 1세기 말에서 2세기 초에 씌어진 것으로 추정된다.

1세기 말은 초대 교회에게 매우 중요한 전환점이었다. 예수가 공생애를 마치고 죽은 때를 대략 기원후 30년경으로, 바울이 활동하고 서신을 쓴 시기를 30년 중반~60년경으로 잡는다면, 1세기 중반은 초대 교회가 형성된 시기다. 서서히 자리를 잡아가던 교회들은 기원후 2세기에 이르러 기독교 공동체로서 정체성을 확고히 해나가기 시작했다. 이때 교회들은 그들이 속한 다양한 세계에 반응하면서 기독교의 특성과 권위를 유지해야 했다.

이 시기를 '제도화'라는 말로 표현한다. 제도화란, 소규모 공동체로 시작한 교회들이 시간이 지남에 따라 확장되어 하나의 새로운 제도를 형성하고, 그것을 통해 자신의 정체성을 공고히 하는 것을 의미한다. 새롭게 형성된 교회들이 세상에 적응하기 시작한 것이다. 다른 조직들과 마찬가지로, 이제 다양한 초대 교회들도 일관된 제도들을 통해서 정체성을 규정하게 되었다. 이 제도들은 교회 공동체를 치리할 수단을 제공하는 한편, 교회를 다른 조직과 구별하게 했다. 제도화란 곧 조직을 정비하는 것이었다.

교회가 제도화되는 시기에 중요한 문제로 불거진 것이 교회의 권위다. 이때 성서와 사도들의 전승이 교회의 권위를 드러내주는 것으로 강조되었다. 앞서 인용한 〈디모데후서〉 3장 16~17절은 이러한 상황을 반영한다. 이 구절은 교회가 권위의 근거를 성서에 두고, 성서를 통해서 공동체 구성원을 훈육하려 했던 상황을 담고 있다. 이것은 이러한 당대의 상황뿐만 아니라, 하나님의 말씀을 이해하는 기독교인들의 시각을 보여준다. 기독교인들은 자신에게 전승된 말씀들을 하나님의 계시로 받아들임으로써 그것을 자기 삶의 기준으로 삼았다. 교회는 성서의 권위를 하나님에게 두었고, 성서의 권위는 하나님의 영감으로서 교회의 권위를 상징하게 되었다. 경전을 체제의 권위를 뒷받침해줄 근거로 삼는 것은 매우 당연한 일이다.

그러나 성서의 강조가 제도화라는 시대 상황과 맞물리고 성서의 중요성을 제도화의 맥락에서 이해할 때, 성서의 권위는 언뜻 제도화의 주체 세력 혹은 지도자의 권위를 상징하는 것으로 나타날 수도 있다. 성서의 권위가 교회의 권위 혹은 교회 지도자들의 권위를 뒷받침하는 일종의 이데올로기로 작용할 수 있다는 것이다. 기독교인들이 성서를 하나님의 영감으로 씌어진 것으로 보는 데는 이견이 있을 수 없다. 중요한 것은 하나님의 영감이 무엇을 의미하며, 그것의 권위를 강조하는 것이 어떤 결과를 불러올지를 염두에 두는 것이다. 이 상황을 이해하려면 초대 교회가 어떻게 발전했으며, 무엇이 초대 교회의 발전에 기여했는지 살펴보아야 한다.

기원후 2세기에 들어와서 교회는 정비된 상태를 갖추는데 이러한 교회의 모습을 초기 공교회共敎會라고 한다. 공교회라는 말은 보편적인 교회라는 뜻이다. 즉 2세기에 와서 교회가 교회 구성원들의 차이에 따라 다양한 형태를 띠는 것을 지양하고 하나의 통일된 형태를 갖추게 되는 것을 가리키는 말이다. 공교회는 교회가 통일성을 지향하며 제도화되는 과정에서 나타난 현상이다. 공교회는 교회를 하나의 정체성을 갖는 통일된 조직으로 이해하며 직제와 성서 해석을 통해서 자신들의 시각을 정당화한다. 이 과정에서 1세기 말경부터 나타난 교회의 직분들이 강조되며,《신약성서》를 비롯한 성서의 전부를 정경화正經化하는 노력들이 진행된다.[3] 정경화란 경전의 범위를 규정하는 작업으로서, 기원후 4세기에 열매를 맺는다. 세상에 적응하는 과정에서 시작된 제도화는 결국 기독교가 로마의 국교가 되는 것으로 결실을 거두었고, 이렇게 해서 기독교는 성공적으로 이 세상 속에 정착했다.[4] 콘스탄티누스 황제는 기독교를 국교로 공인하고 성서의 정경을 공인함으로써 정경화를 완성했다. 이 과정에서 기독교는 어쩔 수 없이 정치와 관련을 맺게 되었고, 교회 지도자들의 권위가 강화될 수밖에 없었다. 교회의 제도화는 결국 교회의 정치화를 동반했다.

　기독교의 세상 내 안착에 중요한 역할을 한 국교화와 정경화의 과정에서, 위에 언급한 〈디모데후서〉 외에 또다른 복음서들이 교회의 조직을 뒷받침해주는 구실을 했다. 그 중의 하나가 〈마태복음〉이다.

　예수께서 가이사랴 빌립보 지방에 이르러 제자들에게 물어 가라사대 사람들이 인자를 누구라 하느냐? 가로되 더러는 세례 요한, 더러는 엘리야, 어떤 이는 예레미아나 선지자 중의 하나라 하나이다. 가라사대 너희는 나를 누구라 하느냐? 시몬 베드로가 대답하여 가로되 주는 그리스도시요 살아 계신 하나님의 아들이시니이다. 예수께서 대답하여 가라사대 바요나 시몬아 네가 복이 있도다. 이를 네게 알게 한 이는 혈육이 아니요 하늘에 계신 내 아버지시니라. 또 내가 네게 이르노니 너는 베드로라 내가 이 반석 위에 내 교회를 세우리니 음부의 권세가 이기지 못하리라. 내가 천국 열쇠를 네게 주리니 네가 땅에서 무엇이든지 매면 하늘에서도 매일 것이요 네가 땅에서 무엇이든지 풀면 하늘에서도 풀리리라 하시고 이에 제자들을 경계하사 자기가 그리스도인 것을 아무에게도 이르지 말라 하시니라(〈마태복음〉 16 : 13~21).

　여기서는 본문은 예수의 열두 제자 중 하나인 베드로의 위상을 한껏 높여준다. 뒤에서 살펴보겠지만 성서에 있는 네 복음서는 열두 제자들의 모습을 다르게 표현하고 있다. 어느 복음서들에는 제자들이 아주 형편없는 존재로 나타나는 반면, 다른 복음서들에는 매우 훌륭한 지도자로 드러난다. 〈마태복음〉은 베드로를 비롯한 제자들의 모습을 매우 긍정적으로 그리고 있다. 인용문에 나타난 베드로의 모습은 교회에서 베드로의 역할을 극대화시키는 역할을 하기에 충분하다. 예수를 그리스도시요 살아 계신 하나님의 아들로 고백한 베드로가 교회의 반석이라는 굳건한 위치를 부여받기 때문이다.

기원후 80년대 중반에 씌어진 〈마태복음〉은 기독교 공동체의 정체성을 명확히 해야 했던 당시의 상황을 반영한다. 교회의 지도자 격인 열두 제자의 위상을 높인 것도 교회의 정체성을 규명하려는 의도에서 비롯했다. 그러므로 인용문에 나타난 베드로의 위상은 〈마태복음〉의 전반적인 맥락 속에서 이해해야 한다. 그러나 교회가 세상에 자리를 잡고 제도화되는 과정 중 여러 직제들이 생기면서 〈마태복음〉의 이 구절은 교회의 직분들을 옹호해주는 역할을 하게 되었다. 하나님의 말씀인 성서가 제도화된 교회의 권위를 드러내는 데 사용된 것처럼, 교회의 반석이 된 베드로는 모든 성직자들의 우두머리가 되었다. 종교 지도자들은 베드로와 같이 천국의 열쇠를 소유한 자들로, 하늘로부터 권위를 부여받게 되었다. 나아가 교회 안에 생긴 직제들이 합법화되고 정당성을 인정

받으면서 교회 지도자들은 성서를 해석할 수 있는 권위를 지니게 되었으며, 그들의 성서 해석은 성서와 같이 교회에 새로운 권위로 자리잡게 되었다.

교회가 성장해서 로마의 국교가 된 것, 하나님의 말씀으로서 성서의 권위가 강조되는 것 그리고 성서를 해석하는 사람의 권위가 커진 것은 거의 걸음을 같이한다.[5] 그 중에서도 국교가 된 후, 즉 제도화가 성공한 후에 더 중요해진 것은 성서를 해석하는 자의 권위다. 이러한 변화는 성서가 씌어진 문자와 밀접한 관계가 있다. 《신약성서》는 헬라어로 씌어졌는데, 367년에 공식적으로 정경화된 후 제롬이 385~405년에 라틴어로 번역했다. 라틴어는 지식인의 언어였으므로 배우지 못한 일반 백성들은 읽을 수가 없었다. 성서가 라틴어로 씌어졌다는 것은 모든 사람들이 성서를 공유할 수 없었다는 것을 의미한다. 성서는 일단 그것을 읽을 수 있는 사람들에게 주어지는 것이었다. 그러므로 성서를 읽고 해석할 수 있는 사람이라면 교회에서 지도자의 역할을 하기에 충분했다.

이렇게 하여 하나님의 말씀으로서 고유한 권위를 지녔던 성서는 그것을 읽고 해석할 수 있는 일부 사람들에게 권위를 넘겨주었다. 성서 해석자들의 권위는 점차 성서보다 우월한 것 혹은 성서만큼 신빙성 있는 것이 되었다. 결국 성서 해석자들의 권위는 그들의 해석을 성서 외의 또다른 전통으로 강조하게 되었다. 이렇게 하여 성서만이 아니라, 그들의 해석이 교회의 전통으로 권위를 갖게 되었다.[6] 성서와 함께 또다른 전통이 믿는 자들의 삶의 기반을 이루게 된 것이다.

성서를 하나님의 영감으로 씌어진 것으로 보는 시각이 성서 해석자들에게 특별히 부여된 계시성과 연결됨으로써, 강조점이 변하게 된다. 이제 성서보다 성서 해석이 더 중요한 역할을 떠맡았다. 이러한 변화의 매개자는 성서를 읽고 해석할 수 있던 사람, 즉 성서 해석의 권위를 부여받은 자들이다. 그들은 가톨릭이 지배하던 중세의 종교적 세계에서 무소불위의 권한을 행사했다.[7] 성서의 계시성은 그들을 위해서 존재했다. 그들이 매개하는 성서의 계시성은 더 이상 모든 사람들이 하나님의 영감을 되새김질하게 해주지 못했다.

2. 돛 혹은 닻—배타와 독점의 허와 실

(1) 루터와 구텐베르크

상황이 이렇게 불합리하게 흐르고 본말이 뒤바뀌자 많은 사람들이 부조리를 지적하고 나섰는데, 종교개혁의 씨를 뿌린 마르틴 루터Martin Luther도 그 가운데 한 사람이다. 종교개혁이 일어나게 된 데에는 정치적, 사회적, 경제적, 종교적, 문화적인 다양한 원인이 있다. 정치적 원인으로는 기독교라는 하나의 보편적 이념으로 묶여 있던 세계가 무너지고 민족

국가가 등장한 것을 들 수 있다. 사회적, 경제적 원인으로는 중세 봉건사회에 대한 농민과 기사계급의 불만을 들 수 있다. 그리고 종교적, 문화적 원인으로는 종교 지도자들의 타락과 르네상스의 영향이 있다.[8] 이처럼 다양한 요소들이 상관관계를 맺으며 작용했는데, 이들의 공통점은 신을 중심에 둔 중세적 세계관에 반발했다는 것이다. 종교 세력과 정치 세력이 결탁하여 만든 중세적 세계관을 이탈하는 현상들이 생기면서 철옹성 같았던 종교적 신념들은 도전을 받게 되었다. 루터가 처음으로 시대에 도전한 것은 아니었지만 그는 반발을 극대화시킨 장본인이다.

16세기 종교개혁이 일어날 즈음 성직자들의 삶은 일반인들과 다르지 않았다. 이것은 성직자들의 세속성을 의미한다. 성직자의 세속성을 무조건 나쁘게만 볼 것은 아니지만 권력을 남용한다면 문제가 될 수밖에 없다. 성직자들은 종교적으로는 자신을 성스러운 존재로 부각시키면서도 일상에서는 봉건 영주의 생활을 유지했다. 그들의 거룩한 권위는 현세의 풍요로운 삶을 위한 밑거름으로 쓰였다. 그들은 사치와 향락을 일삼고, 권력을 유지하기 위해서 온갖 술수를 동원했으며, 성당 건축을 위해 일반인들에게 헌금을 과도하게 요구하기도 했다. 루터가 종교개혁을 일으킨 계기가 되었던 면죄부 판매도 이러한 상황에서는 그리 놀라운 일이 아니었다.

당시에 이미 면벌부免罰符라는 것이 판매되고 있었다. 면벌부는 그것을 산 사람을 벌에서 벗어나게 해주는 역할을 했다. 돈을 내면 벌을 면해준 셈이었다. 이처럼 어이없는 제도는 브란덴부르크의 제후 알브레흐트가 대주교가 되려는 욕심에서 비롯했다. 특히 그는 마인츠의 대주교가 되고 싶어했는데, 선제후와 황제를 뽑을 수 있는 권한이 있었기 때문이다. 교황은 알브레흐트에게 그 대가로 돈을 요구했고 돈이 모자랐던 알브레흐트는 은행에서 빌려 충당할 수밖에 없었다. 그러자 교황은 알브레흐트에게 면벌부를 팔 수 있는 권리를 줌으로써 빌린 은행돈을 갚을 수 있게 해주었다. 이런 좋은 기회를 놓칠 그가 아니었다. 알브레흐트는 한술 더 떠서 면벌부를 면죄부로 바꾸었다. 이번 것은 교황이 특별히 은총을 많이 내려서 벌뿐만 아니라 죄까지 없앨 수 있다고 선전했고, 이를 위해서 웅변가를 고용하기까지 했다. 면죄부의 판매 과정은 그 자체로 성직자의 권위가 어떻게 사용되며, 하나님의 은혜가 성직자를 통해서 어떻게 비틀려 전달되는지를 적나라하게 보여준다.

　루터가 이에 문제를 제기했다. 그러나 그는 중세 성직자들의 전반적인 타락을 지적한 것이 아니었다. 루터의 종교개혁이 지니는 한계는 출발 당시의 이러한 모호함에서 비롯했을지도 모른다. 루터가 의문을 품은 것은 단지 면죄부가 죄를 없앨 수 있는가 하는 것이다. 죄는 회개를 통해서 참회하고 신부에게 고해를 해야 사해지는 것이라고 생각했기 때문이다. 그는 면죄부가 불가능한 95가지 이유를 댔다. 그리고 회개와 면제부를 사는 것보다 선을 행하는 것이 더 중요하다고 강조하면서, 죄를 사할 수 있다는 교황의 권위에 대항했다. 1517년의 일이다.

이 일은 유럽 전체에 반향을 일으키면서 루터를 세상에 드러냈다. 이제 루터는 서로 다른 두 무리의 맹공에 시달려야 했다. 한쪽은 당연히 그가 공격한 성직자와 제후들이었으며, 다른 무리는 루터의 개혁 의지에는 동의하지만 신학적 입장이 다른 사람들이었다.

루터가 내세운 네 가지 기본 원칙은 "오직 성서로, 오직 그리스도로, 오직 은혜로, 오직 믿음으로"였다. 이것은 면죄부를 보는 루터의 신학적 해석의 원칙이라고 할 수 있다. 그러나 루터가 당시의 전반적인 상황을 문제삼은 것이 아니었기 때문에, 그 후 현실을 진단하는 시각에 따라 다양한 종교개혁 운동이 일어났다. 루터는 신학적 원칙과 현실 이해의 차이 때문에 다양한 사람들과 논쟁해야 했다. 그는 르네상스의 인문주의자들과 싸워야 했고 농민 운동자들과도 싸워야 했다. 루터는 그들과 생각이 달랐다. 루터의 관심은 온통 죄를 구원하는 데 쏠려 있었기 때문에 다른 전반적인 현실의 부조리에 대해서는 개혁 성향을 드러내지 못했다. 그러므로 루터는 그가 일으킨 개혁 의지에 고무되었던 다른 개혁가들과는 걸음을 같이할 수 없었다. 그는 선구자였을 뿐 모든 문제를 해결할 수 있는 사람이 아니었다. 루터의 종교개혁이 이루지 못한 것들은 그 후 다른 사람들에게서 결실을 맺었다.

그러나 어떤 면에서든 루터를 과소평가할 수 없다. 그는 시대의 흐름에 깨어 있던 사람이며 시대를 이끌어간 사람이다. 종교개혁과 르네상스의 관련 여부에 대해서는 학자들 사이에 논쟁의 여지가 있지만 그가 관심을 기울인 죄와 구원의 문제는 르네상스의 새로운 주제였던 인간성 회복이라는 문제와 분리되지 않는다. 인간이 인간의 죄를 구속救贖할 수 없다는 루터의 신학은 특정한 인간의 권위가 다른 인간을 지배하는 것을 거부하기 때문이다. 루터는 르네상스적 인문주의자는 아니었을지 모른다. 그러나 그는 인간을 하나님의 은총 앞에 세움으로써 인간 위에 군림하려는 오래된 종교적 야망을 뿌리째 흔들어놓았다

1521년 루터는 보름스의 국회에 섰다. 신성로마제국의 황제와 제후들은 루터에게 주장을 번복할 것을 강요했다. 그러나 루터는 굽히지 않았고 '이성과 성서의 증거'만이 자신의 생각을 바꿀 수 있다고 항변했다. 그는 분명하고 단호하게, 성서를 해석하는 사람들에게서 성서 자체로 종교의 권위를 이양했다. 성서가 씌어지고 정경화되어 해석된 지 1,000여 년이 지난 후의 일이었다. 중·고등학교 교과서는 이 오랜 기간을 중세의 암흑기라고 부른다. 인간이 배제된 시기라는 의미의 암흑기에는 그러나 하나님의 권위도 드러나지 못했다.

다만 힘있는 자들의 권세만이 횡행했고, 성서는 그들을 위한 수단일 뿐이었다.

보름스 회의 이후 루터는 작센공의 배려로 바르트부르크 성에 머물면서 라틴어 성서를 독일어로 번역했다.⁹ 이 일의 의의와 파장은 아무리 강조해도 지나치지 않다. 성서가 독일어로 번역됨으로써, 성서는 모든 사람들이 읽을 수 있는 책이 되었다. 루터는 읽을 수 없는 라틴어 때문에 늘 누군가의 해석에 의존하고 그 해석자의 권위에 눌려 있던 사람들에게 성서를 돌려주었다. 루터의 성서 번역은 다른 어떤 신학적 주장보다 훨씬 더 그를 빛나게 한다. 아울러 성서신학자로서, 성서 번역이야말로 그의 종교개혁의 백미 혹은 완성이라고 확신한다. 모든 사람이 성서를 읽을 수 있다는 것은 모든 사람이 성서를 해석할 수 있는 가능성이 열린다는 뜻이기 때문이다. 이제 어느 한쪽에만 치우친 종교적 권위를 상상할 수 없는 시대가 온 것이다.

성서 보급에서 루터의 업적과 함께 기억해야 할 인물이 또 있다. 바로 인쇄기를 발명한 구텐베르크Johannes Gutenberg다. 20세기를 이끈 위대한 인물을 꼽을 때면 늘 빠지지 않을 정도로 그의 발명이 인간에게 가져다 준 영향은 실로 엄청난 것이었다. 구텐베르크의 인쇄기는 인간에게 새로운 세계를 열어주었으며, 이 새로운 미디어는 새로운 인간을 만들어냈다.¹⁰ 인쇄술의 발명에 따라 책이 보편화됨으로써 사고의 지평을 넓혔을 뿐 아니라 인간의 사고 유형에도 영향을 끼쳤기 때문이다.

그리고 이것은 루터의 성서와도 무관하지 않다. 구텐베르크의 인쇄술이 없었다면 루터의 독일어 성서는 그렇게 빨리 보급될 수 없었을 것이다. 부풀려 말하자면, 구텐베르크가 없었다면 루터의 성서번역은 훨씬 후에 세상에 나타났거나 중간에 사라져버렸을 것이다. 루터의 성서번역이 즉각적이고 빠르게 확산되지 못했다면 계몽주의라는 시대 상황과 맞물려 탄생한 성서신학도 제때를 만나지 못했을 것이다.

계몽주의에서 강조한 합리성과 이성은, 하나님의 계시의 산물이었던 성서를 객관적 연구의 대상으로 볼 수 있게 하였다. 성서가 각국의 언어로 번역되고 연구됨으로써, 비로소 성서신학이 가능하게 되었다. 중세에는 성서 자체에 대한 관심보다는 교리에 대한 관심이 지배적이었기 때문이다. 그래서 종종 구텐베르크가 없었다면 성서학자인 내가 존재할 수 있었을까 묻곤 한다. 한 시대를 비켜 갔다면 나는 무엇을 하고 있었을까…….

(2) 끝나지 않은 이야기

바야흐로 합리주의 시대가 찾아왔다. 중세가 하나님을 우러르는 신앙심으로 인간의 이성을 눌러왔던 데 반해, 계몽주의와 합리주의 시대로 들어서면서 인간이 다른 무엇보다

도 중요한 가치를 지니게 되었다.[11] 중세가 믿음의 시대였다면 이제 생각의 시대가 도래한 것이다. 데카르트의 고민에서 시작된 근대는 이렇듯 이성의 시대, 객관의 시대를 열어놓았다. 이 새로운 시대가 성서에 미친 영향은 엄청나다.

하나님의 영감으로 씌어진 성서라는 개념은 성서를 만질 수조차 없는 존재로 만들었다. 성서 해석은 교부시대 이래 줄곧 있어 왔지만 중세에 이르기까지 성서를 해석하는 데 가장 중요한 역할을 했던 것은 영감, 계시, 성령 같은 것이었다. 중세의 성서 해석은 비문법적, 은유적, 영적 해석이라는 원칙을 강조했다. 이처럼 손에 잡히지 않는 모호한 원칙 때문에 성서 해석자의 권위는 더욱 의심할 수 없는 것이 되었다. 이러한 원칙은 인문주의자들이 등장하면서 때때로 도전받기도 했지만 루터의 종교개혁조차도 성서에 대한 전반적인 이해를 바꾸지는 못했다.

그러나 이성의 시대가 오면서 이처럼 막연한 성서 이해는 흔들리게 되었다. 성서를 다른 문학작품이나 일반 저자들의 작품과 같이 역사적 산물로 이해할 수 있게 된 것이다. 이제 성서는 영감으로 해석하는 것이 아니라 객관적인 방법으로 해석할 수 있는 책이 되었다. 시대가 바뀌면서 성서를 바라보는 새로운 시각이 열린 것이다. 물론 이러한 이해가 성서의 계시성을 전혀 도외시하는 것은 아니다. 그러나 하나님의 영감이든, 계시든, 성령의 인도든 그 모든 것이 역사 안에서 일어났다는 점을 간과할 수 없게 된 것이다. 하나님의 말씀인 성서는 하늘에서 뚝 떨어진 것이 아니다. 구체적인 역사를 배경으로 신앙을 경험한 사람들이 신앙을 고백하려는 목적으로 혹은 목회론적 목적으로 쓴 것이다. 그것이 하나님의 영감으로 씌어졌다는 주장은 그들이 역사 속에서 경험한 하나님에 대한 이해를 반영하는 것이다.

성서는 더 이상 만질 수 없는 것, 다가갈 수 없는 어떤 것이 아니었다. 이제 성서는 다른 책들과 마찬가지로, 객관적 자료를 사용해서 분석함으로써 의미를 찾아내야 하는 것으로 바뀌었다. 시대의 전환이 인간을 이해하는 태도는 물론 성서를 바라보는 시각도 바꿔놓았다. 근대는 기존의 모든 권위를 다시 조명하며 개인을 중심에 놓는다. 개인의 중요성에 대한 자각은 성서를 특정 해석자의 권위에서 해방시켰다.

성서는 어느 누구도 독차지할 수 없으며 누구든지 읽고 의미를 찾으려 노력할 수 있다. 그러므로 이성이 성서를 해석하는 중요한 기준이 되고, 성서는 역사와 분리될 수 없는 것으로 드러났다. 역사적 산물인 성서를 분석하고 의미를 밝혀내기 위해서 다양한 방법들이 나오기 시작한 것도 이때다. 성서가 씌어졌을 때의 본래 의미를 파악하려는 다양한 시도가 이어졌다. 이 책에서 그 방법론들을 다 설명할 수는 없지만, 성서가 어떤 길을 거쳐 오늘날과 같은 모습을 갖추게 되었는지, 성서라는 텍스트의 형성 과정을 잠시 살펴보자.

오늘날 우리가 읽고 있는 성서는 처음에 과연 어떤 모습이었을까? 간단하게 대답하자면 1세기에 씌어진 성서는 오늘날 우리가 보는 것과 전혀 달랐다. 여러 이유가 있지만 분명한 것은 인쇄술이 가져온 차이다. 구텐베르크 이전의 성서는 필사본 형태였다. 전문 필경사가 성서를 손으로 베끼려면 최소한 4~5개월이 걸렸다고 한다. 이러한 상황에서 성서의 대량 보급은 꿈도 꿀 수 없었으며 성서 전체를 구하는 것도 쉬운 일이 아니었다. 수작업의 어려움 때문에 성서에 포함된 책들은 보통 따로따로 유통되었다. 더욱이 손으로 베껴 쓰다 보면 전해지는 과정에서 오류가 생길 가능성이 크기 때문에 오늘날과 같은 통일된 형태의 성서를 생각하기 힘들다. 문제를 더욱 어렵게 하는 것은 전해지는 크고 작은 필사본들의 양이 엄청나다는 것이다. 이뿐만 아니라 사본들의 내용조차 제각각이었다. 예를 들어 〈마태복음〉의 내용을 담고 있는 50여 개의 크고 작은 사본들이 있다면, 이 중에서 분량과 내용이 완전히 일치하는 것은 발견하기 어렵다.

필사본의 재료로는 대개 파피루스나 피지, 종이가 사용되었다. 파피루스는 이집트의 갈대를 꺾어 만든 것으로 최초의 필사본들은 이것을 사용했다. 피지는 동물의 껍질을 말려서 만든 것으로 화려한 필사본 한 권을 만들려면 무려 85마리의 송아지가 필요했다는 이야기도 있다. 서양에서 종이의 사용은 12세기에 이르러서야 일반화되었는데, 성서 필사본 5,487

개 중에 약 1,300개가 종이를 사용했다. 사본들은 두루마리나 책 형태로 묶였다.[12] 파피루스나 가죽을 하나로 연결해 사용한 두루마리 형태에 비해서 낱장을 반으로 접어 한쪽을 묶은 코덱스codex 형태는 이야기의 순서가 뒤바뀔 가능성이 훨씬 컸다.

사본의 종류가 다양하다는 것뿐만 아니라 사본들의 제작 연대도 문제다. 일반적으로 학자들은《신약성서》에 속하는 책들이 기원후 50∼150년 사이에 기록되었다고 본다. 그러나 이 책들의 원문은 남아 있지 않다. 지금 우리가《신약성서》라고 부르는 것은 원래 씌어진 모양 그대로가 아니라는 말이다. 원문이 없어진 상황에서 여러 사본들을 토대로 원문을 재구성한 것이다.

눈치 빠른 독자라면 알겠지만 이 작업은 그리 간단한 것이 아니다. 우선 사본들의 가치를 평가하는 작업이 필요하다. 여러 가지 평가 기준을 사용할 수 있겠지만 주로 사본들의 연대, 크기, 신학적인 흐름 등이 반영된다. 그런데《신약성서》의 파피루스 필사본 중 최초의 것은 기원후 2세기에 만들어진 것으로 추정되고 가장 나중에 필사된 책의 연대는 8세기 정도이다.《신약성서》의 완전한 사본들 가운데 4세기 이전에 기록된 것은 없다. 이처럼 다양한 시기에, 또 예수 당시의 1세기와는 너무나 멀리 떨어진 시기에 씌어진 사본들을 바탕으로 만들어진 것이 오늘날의《신약성서》다.

기원후 200년까지 복음서, 〈사도행전〉, 바울 서신의 정경화에 대해서는 일반적으로 논지가 통일되었지만 다른 것들은 계속해서 논의되었다. 그리고 4세기에 이르러서야 정경화를 통해서 비로소 오늘날과 같은 《신약성서》의 목록을 확정하게 된다. 그러나 《신약성서》의 목록을 정하는 일은 원문을 결정하는 일에 비하면 쉬운 일이었다. 원문을 만들어내기 위해서 그 많은 사본들 가운데 무엇이 더 믿을 만한 것인지를 가려내는 일은 지금까지도 계속되고 있다. 원문 구성에 관심 있는 학자들은 《신약성서》에 포함된 각 책들의 범위, 이야기의 순서, 단어의 위치들을 놓고 아직까지 논의를 거듭하면서 더 나은 원문을 만들기 위해 노력하고 있다. 그래서 오늘날까지 여러 가지 다양한 종류의 《신약성서》 원문이 전해진다. 《신약성서》의 각 책들은 그리스어로 씌어 있는데, 여러 사본을 바탕으로 복원된 그리스어 《신약성서》 또한 하나가 아니다. 오늘날 그리스어로 된 《신약성서》 가운데 가장 널리 쓰이는 것은 네스틀-알란Nestle-Aland이 만든 것이다.[13]

　《신약성서》 원문이 형성되기까지 지나온 오랜 여정을 배후에 놓고 우리말 성서를 들여다보면, 그 역시 간단하지 않은 과정을 거쳤음을 알 수 있다. 번역이라는 작업은 본래 복잡한 과정을 내포하고 있다. 하나의 언어를 다른 언어로 바꾼다는 것은 단지 단어 선택의 문제만이 아니기 때문이다. 각각의 언어는 각각의 문화를 내포한다. 언어 자체가 바로 독특한 문화이기 때문이다. 그러므로 한 단어를 다른 언어의 단어로 바꾸어 놓았다고 해서 원문의 의미가 그대로 되살아 나는 것은 아니다. 원문을 제대로 전달하기 위해서는 단어나 문장뿐 아니라 뉘앙스와 의미를 제대로 살려낼 수 있는 기술 이 필요하다. 번역을 제2의 창작이라고 하는 것은 이 때문이 다. 한국어 성서는 이 복잡하고 어려운 길을 거쳐서 태어났 다. 이 과정에서 어떤 원문을 사용했는지, 번역이 원문의 의 미를 제대로 드러내고 있는지를 늘 고려해야 한다.

그러다 보면 실질적인 문제가 고개를 든다. 앞에서 인용한 〈디모데후서〉 3장 16~17절을 과연 어떻게 이해할 것인가 하는 문제이다. 여기에 〈마태복음〉 5장 17~20절을 덧붙이 면 문제는 더욱 심각하다.

내가 율법이나 선지자나 폐하러 온 줄로 생각하지 말라. 폐하 러 온 것이 아니요 완전케 하려 함이로라. 진실로 너희에게 이르노니 천지가 없어지기 전에는 율법의 일 점 일 획이라도 반드시 없어지지 아니하고 다 이루어지리라. 그러므로 누구 든지 이 계명 중에 지극히 작은 것 하나라도 버리고 또 그같 이 사람을 가르치는 자는 천국에서 지극히 작다 일컬음을 받 을 것이요 누구든지 이를 행하며 가르치는 자는 천국에서 크 다 일컬음을 받으리라. 내가 너희에게 이르노니 너희 의가 서 기관과 바리새인보다 더 낫지 못하면 결단코 천국에 들어가지 못하리라.

많은 사람들이 이 구절을 바탕으로 성서의 무흠성無欠性을 주장해왔다. 그러나 복잡한 성서의 형성 과정을 생각할 때 하나님의 영감으로 씌어진, 흠 없이 완전한 성서란 무엇을 말하는가? 그 많은 사본들을 말하는 것인가? 다양한 그리스어 성서를 말하는 것인가? 잡다한 영어 성서를 말하는 것인가? 한국어 성서인가? 성서를 옮긴 수백 개의 언어 가운데 도대체 어떤 것이 일 점 일 획도 틀림없이 완전한 것인가?

성서의 형성 배경만 생각해도 위의 구절을 문자 그대로 해석하는 것은 무리임을 쉽게 알 수 있다. 더욱이 인용문이 들어 있는 〈마태복음〉의 문맥을 보면, 이 구절이 문자적인 완벽함을 드러내는 것이 아니라는 사실이 분명하게 드러난다. 율법의 완성을 강조한 예수가 바로 뒤이은 〈마태복음〉 5장 21~48절에서 자신의 말을 뒤엎기 때문이다. 여기서 예수는 소위 6개의 반대명제를 제시한다. 뒤에서 그 의미를 살펴보겠지만, 반대명제란 "옛 사람은 ~라고 말했다, 그러나 나는 ~라고 말한다"라는 식의 표현이다.

이를 통해서 예수는 유대인들의 율법이 예수의 가르침보다 못하다고 말한다. 이러한 반대명제는 율법의 일 점 일 획이 다 이루어질 것이며, 이들 중 하나라도 버리는 자는 온전치 못할 것이라는 17~20절과 모순된다. 이는 5장의 전체 문맥에서 17~20절이 율법의 문자적인 완벽함을 의미하는 것이 아님을 말해준다. 즉 예수가 의도했던 것은 율법의 본래 의미를 복원하는 것이다. 예수는 문자로는 율법을 파기하지만, 율법의 본래 의미를 회복함으로써 율법을 완성한다. 완전하다 함은 이렇듯 의미의 복원을 말하는 것이지 형식의 회복을 가리키는 것이 아니다.

문자대로만 성서의 의미를 찾아내려 한다면, 분명한 한계가 있다. 한 권의 얇은 성서 안에는 아주 오랜 역사가 담겨 있기 때문이다. 닻을 내리면 배를 떠나보낼 수 없듯이, 문자적 해석은 성서의 역사를 보지 못하게 하고 성서를 고정시킴으로써 화석화한다. 그러나 성서는 돛과 같은 것이다. 배의 방향을 정해주고 파도와 바람에 맞서 배의 길을 인도해주는 돛처럼, 성서는 유연하고 역동적인 해석을 통해서 기독교의 본질을 드러낸다.

3. 지나간 바람은 춥지 않다 — 화석화의 허와 실

(1) 숨은그림 찾기

성서를 읽는 사람들의 목적은 성서의 의미를 찾는 것이다. 이것은 물론 쉽지 않은 일이다. 우선 문자 그대로 의미를 받아들일 수 있지만, 그렇게 해서는 성서의 의미를 제대로 찾아낼 수 없다. 문자적 의미는 성서에서 찾을 수 있는 일차적인 것에 불과하다. 일차적 의미는 성서의 본뜻에 다가가기 위한 전제일 뿐 온전한 의미는 아니다. 성서의 의미를 찾아낸다는 것은 우선 성서가 씌어졌을 당시의 의미를 되살려낸다는 것을 뜻하기 때문이다. 이 의미의 복원은 문자적 의미의 평면성을 넘어서서 입체적인 구조를 드러내는 것이다. 입체적인 의미의 복원은 성서의 내용을 살려내기 위해서 꼭 필요한 일이다.

성서는 오랫동안 베스트셀러의 위치를 누리고 있지만, 사실 오늘의 독자들에게 그다지 신선한 의미를 주지는 못한다. 그만큼 좋은 이야기들은 다른 책을 통해서도 찾아볼 수 있다. 실제로 한껏 기대를 안고 성서를 읽어본 독자들은 성서가 좀 싱겁다거나 다 아는 이야기를 하고 있다고 말하기도 한다. 성서가 한물 간 이야기처럼 보이는 데는 이유가 있다. 동시대에 나온 책들도 우리의 입맛을 만족시키지 못하는 마당에 2,000년 전에 씌어진 성서가 우리의 관심을 끌기란 쉬운 일이 아니다. 그토록 오래 전에 씌어진 성서가 전혀 새로운 세계에 살고 있는 21세기의 우리에게 무엇을 해줄 수 있는가? 물론 이렇게 되묻는 사람들도 있을 것이다. "하나님의 말씀은 영원한 진리인데, 그러한 질문은 얼마나 비신앙적인가?" 그러나 성서가 하나님의 말씀이라 하더라도 시간과 공간을 초월해서 모든 것을 해결해주지는 않는다. 성서는 그 자체로 모든 사람의 관심에 맞는 답을 주는 백과사전이 아니다. 하지만 그렇다고 해서 성서를 옛 책이니, 이제 낡고 소용없는 것이니 말할 수는 없다. 성서는 시대와 공간을 뛰어넘어 의미를 전해 주고 있기 때문이다. 우리가 성서를 읽는 것은 성서에서 여전히 의미를 찾을 수 있다고 믿기 때문이다. 성서는 시대에 뒤떨어진 퇴물이 아니다. 그렇다면 어떻게 그럴 수 있는가? 성서 자체만으로는, 성서의 문자만으로는, 성서의 평면적인 의미만으로는 충분하지 않다.

2,000년 전 성서가 오늘에도 여전히 효력이 있는 하나님의 말씀이 되기 위해서는 해석이 필요하다. 성서 해석이란 위에서 말한 입체적인 구조를 살려내는 일이다. 성서에 대한 입체적 해석은 이미 살펴본 대로 성서가 역사적 산물임을 인정하는 데서 시작한다. 성서는 구체적인 시간과 공간에서 하나님을 경험한 사람들이 쓴 것이다. 성서는 그들의 신앙 고백이다. 그리고 그 뒤에는 그러한 고백을 하게 된 어떤 상황이 놓여 있다.

그들의 고백을 우리의 것으로 만들기 위해서는 그들의 고백이 무엇을 의미하는지, 어떤 상황에서 나오게 되었는지, 어떤 목적에서 자신의 고백을 다른 이들과 공유하려고 하는지 등을 살펴보아야 한다. 즉 그들의 세계로 들어가야 한다. 호랑이를 잡으려면 호랑이 굴에 들어가야 하는 것처럼, 성서를 이해하기 위해서는 성서의 세계로 들어가야 한다. 그래서 그들을, 그들의 신앙을 살려내야 한다. 성서를 문자 그대로 해석하는 것이 한계를 갖는 것은 이 때문이다. 성서는 사건들의 모음이다. 그리고 사건을 말하고 있는 고백이다. 그런데 이 모든 것들은 문자 뒤에 숨어 있다. 성서를 해석하는 일차 관문은 숨은그림을 찾는 것과 같다.

위에서 잠시 언급했듯이 《신약성서》는 기원후 50∼150년경에 씌어졌다. 여기에 포함된 문서들 중에서 가장 오래된 것은 바울이 쓴 〈데살로니가전서〉로서, 기원후 50년 초에 씌어진 것으로 추정된다. 학자들이 바울의 저술임을 확신하는 7개의 서신, 즉 〈데살로니가전서〉, 〈빌립보서〉, 〈고린도전후서〉, 〈빌레몬서〉, 〈갈라디아서〉, 〈로마서〉는 50년대 초에서 중반 사이에 씌어졌다. 제2의 바울 서신이라고 하는 〈골로새서〉, 〈에베소서〉, 〈데살로니가후서〉 등이 60∼70년에, 《신약성서》의 처음에 나오는 복음서들은 70∼90년대에 씌어진 것으로 알려져 있다. 〈요한계시록〉이나 〈히브리서〉 등이 90년대 중반 이후에, 그 외의 것들은 1세기 말에서 2세기 중엽에 씌어졌다. 즉 《신약성서》는 100여 년에 걸쳐 서로 다른 시기에 서로 다른 저자들이 쓴 책들이 하나로 묶인 것이다. 한마디로 옛날 옛적의 책인 셈이다. 그러므로 성서를 읽는 우리는 이 옛 이야기를 오늘의 이야기로 살려내야 하는 과제를 안고 있다.

성서의 이야기가 낯설게 다가오는 것은 우리의 이야기가 아니기 때문이다. 영어에는 'the'라는 정관사가 있다. 정관사는 이미 언급한 것을 지적할 때나 화자들이 이미 알고 있는 무엇을 가리킬 때 주로 사용한다. 즉 정관사는 부연 설명 없이 의견을 교환할 수 있는 상황을 함축한다. 나는 정관사를 쓰며 이야기할 수 있는 사이를 편안한 관계로, 정관사로 이야기하는 문장을 매끄러운 글로 이해하는 습관이 있다. 다른 군더더기를 덧붙이지 않아도 된다는 것이 그렇게 편하게 느껴질 수가 없다. 이러한 맥락에서 본다면 성서는 거북한 책이다. 《신약성서》에 나오는 정관사의 세계는 나를 빼놓고 자기들끼리 속닥거리기 때문이다. 나는 성서의 기자記者가 자신의 독자들과 트고 지내는 개념 밖에 존재한다. 그래서 그들에게는 익숙한 일들에 항상 나는 "왜?"라는 꼬리표를 달곤 한다. 내가 그들 안으로 들어가지 않고는 떼어낼 수 없는 물음이다. 이것이 과거와 현재, 1세기와 21세기의 차이다.

나는 신학을 한다고 20여 년의 세월을 보냈다. 그리고 그 전에 이미 어느 정도 높은 교육을 받았다. 학교라면 지긋지긋할 정도로 교육받는 일에 시간과 정력과 돈을 바쳤다. 나의 꽃다운 청춘은 신학이라는 무지막지한 바다 속에 묻혀버렸다. 그런데도 그것은 성서를 이해하는 데 턱없이 모자란 기부寄附이다. 성서를 이야기할 때, 나는 아직도 많은 부분 "글쎄……"라는 토를 달거나 "하나의 가설일 뿐"이라는 단서를 붙여야 한다. 아직도 부정확하고 불명확하고 모르는 것이 많다.

나의 무지를 제쳐두고, 기원후 1세기 갈릴리의 촌구석에서 처음 예수를 믿은 사람들을 생각해보자. 그들은 나만큼 배운 자들이 아니다. 그들은 가난한 어부였고, 자기 땅 한 평 없는 농부였으며, 입에 풀칠하기도 쉽지 않은 사람들이었다. 그러나 그들은 예수의 말씀을 이해했고, 그를 따랐다. 성서의 책들은 바로 그들을 위해서 씌어진 것이다. 그들은 나처럼 몇십 년의 시간을 투자하지 않고도 성서가 무슨 말을 하는지 알 수 있었다.

나의 무지는 내 탓이 아니다. 그들은 소위 정관사의 소통이 가능한 사람들이었다. 물론 더 정확하고 깊이 이해하려면 부연 설명이 필요했을지 모르지만, 그들은 성서의 말씀을 이해하기 위해서 나처럼 머리를 싸매고 긴 시간 체계적인 공부를 할 필요가 없었을 것이다. 그들은 이미 알고 있었다. 왜 이런 말이 나오는지, 그것이 무엇을 의미하는지. 그들은 같은 세계의 사람들이었기 때문이다. 그들은 한 사람이 "어" 하면 "아" 하고 맞장구를 칠 수 있는 관계다. 그러나 나는 모른다. 하나님의 말씀이라는 거룩한 성서에 왜 별 의미도 없는 "어"라는 말이 들어앉았는지, 나는 "아"라고 맞장구를 칠 수 없다. 왜냐고 자꾸 물을 뿐이다. 그들이 공유하는 정관사의 맥락을 잡아내지 못한다면, 나의 무지는 끝나지 않을지도 모른다.

(2) 과거와의 대화

대학 신입생들에게 권하는 필독서 중에 카E. H. Carr의《역사란 무엇인가》가 있다. 여기서 카는 역사란 과거와 나누는 대화라고 정의한다. 이 전제 위에서 카는 역사가 어떻게 우리에게 의미 있는 사건들로 다가올 수 있는지 설명한다. 우리에게 말하지 않는 과거 혹은 우리가 말을 걸지 않는 과거는 그냥 지나간 일들일 뿐이다. 지나가고 사라진 무엇들. 과거에 지나간 것들을 오늘 우리에게 의미 있는 것으로 만들기 위해서, 우리는 끊임없이 그것들과 이야기해야 한다. 그 사건들을 다시 만나야 한다. 그래서 그때 거기에는 없었지만 그들의 경험을 공유해야 한다. 그 경험을 살려낼 때, 의미가 함께 살아나기 때문이다. 살아나지 않은 과거는 한낱 화석일 뿐이다. 화석은 우리에게 생명의 흔적을 알려주기는 하지만, 그것 자체는 더 이상 생명으로 존재하지 않는다. 화석이 된 과거는 우리와 직접 관계를 맺을 수 없다. 그것은 그저 먼 옛날의 이야기일 뿐이다.

성서도 마찬가지다. 그대로 놓아 두면 기적과 신비로 채색된 옛 이야기에 지나지 않는다. 하나의 화석에 불과하다, 옛날에는 생명을 가지고 있었다고 스스로 증언할 뿐인. 그래서 별 의미가 없는 것으로, 단순한 교훈집으로, 한번쯤 읽어볼 만한 책으로 치부되면 그뿐이다. 그러나 이것은 성서의 세계 바깥에 있을 때이다. 성서의 세계로 들어가 그들의 경험을 공유하고 1세기의 그들을 살려내면, 우리는 그 속에서 새로운 성서의 세계를 만날 수 있다.

이렇듯 성서의 세계에 들어가서 의미를 밝혀내는 것을 해석학이라고 부른다. 성서는 그 자체로 우리에게 무엇을 드러내는 것이 아니라 해석될 때 깊은 속내를 열어 보인다. 성서의 문자적 의미에만 머무는 것을 경계하는 까닭이 여기 있다. 물론 단순한 문자적 이해도 해석의 한 유형이기는 하다. 그러나 그들의 세계를 이해하지 못한다면 제대로 된 의미를 깨달을 수 없다. 마치 영어와 한국어가 이상하게 합쳐진 이른바 콩글리시처럼, 왜곡해서 받아들일 위험이 있다.

하지만 성서의 세계에 들어간다는 것, 즉 성서를 해석한다는 것은 그리 단순한 일이 아니다. 해석이라는 작업을 바라보는 시각부터 의견이 갈린다. 간단히 말하면, 해석학에는 크게 두 가지 흐름이 있다. 하나는 해석의 객관성을 강조하며, 다른 하나는 해석의 주관성을 강조한다. 전자는 F. 슐라이어마허, W. 딜타이, E. 베티의 계열이며, 후자는 M. 하이데거, R. 불트만, H.-G. 가다머, W. 판넨베르크 계열이다.[14] 전자는 객관성을 강조하기 때문에 해석학이 객관적인 해석을 위한 원리를 제공해야 한다고 주장한다. 대표적으로 베티는 해석학의 객관적이고 기초적인 원리를 정식화하려는 의도에서 해석을 맞고 틀리다는 개념으로 접근한다. 해석의 목적은 원저자가 의미했던 것을 인식하고 재구성하는 것이라고 생각하기 때문이다. 한편 주관성을 강조하는 후자는 해석을 맞고 틀리는 문제로 보지 않는다. 그들은 해석의 객관성이라는 것을 누가 어떻게 평가할 수 있는지 반문한다. 해석자는 누구나 자신의 선이해를 갖고 해석에 들어간다. 각 해석자의 처지와 관점을 감안할 때, 객관성이란 허구에 지나지 않으며, 저자의 의도를 객관적으로 판단할 근거는 없다는 주장이다.

인간은 사회적 동물이며 자신이 처한 사회적·문화적·경제적·정치적 배경에서 벗어날 수 없다는 점에서, 나는 후자의 주장에 동의한다. 자신의 처지를 배제한, 전적으로 객관적인 해석이 과연 가능한가? 나의 대답은 부정적이다. 우리는 객관성을 유지하려고 노력하지만, 전적으로 객관적인 해석을 내릴 수 있다고 단정할 수는 없다. 물론 해석을 바라보는 두 관점은 반드시 서로 배타적인 것은 아니다. 전자는 객관적인 원리를 만드는 데 집중하고, 그들의 원리는 해석자가 주관성을 극복하는 데 도움을 줄 수 있기 때문이다. 그러나 어떤 방법을 사용한다고 하더라도 해석자의 이해의 한계를 벗어나기는 어렵다. 다만 베티가 지적했듯이 주관성을 강조하는 해석학이 상대성의 혼란을 극복하려면, 해석자는 끊임없이 자신의 해석학적 지평을 반성하고, 자신의 해석학적 결과에 객관적인 의미를 불어넣기 위해 노력해야 한다.

해석하는 사람의 해석학적 지평이 중요한 이유는 그것이 바로 과거로 들어가는 창이기 때문이다. 해석이 주관적이라는 것은, 항상 현재와 관계를 맺고 있음을 의미한다. 해석을 한다는 것은 이해의 작용을 의미하는데, 이는 과거의 무엇을 오늘 나에게 의미 있는 무엇으로 만드는 작업이다. 이해는 역사 속에 주어진 일정한 시간적, 공간적 범위에서 이루어진다. 그러므로 역사적 공간성과 시간성은 일정한 해석학적 상황을 낳는다. 해석자가 처해 있는 이러한 정황을 해석자의 지평이라고 할 수 있다. 해석을 한다는 것은, 해석자의 지평이 해석해야 할 문서를 낳은 저자의 지평과 만나는 것이다.

다시 말하면 해석은 저자의 세계와 해석자의 세계, 두 세계의 만남을 통해서 이루어진다. 세계는 바로 우리가 존재하는 지평이기 때문이다. 세계란 우리 삶이 그 안에서 이루어지고 의미가 형성되고 이해되는 삶의 그물망이며, 그 안에서 이해가 발생하는 실존적 삶의 존재 구조이다.[15] 해석자의 주관성을 강조하는 입장이 주관주의적 관점에서 벗어날 수 있는 것은 해석자가 자신의 지평을 확장함으로써, 끊임없이 외부와 관계를 맺기 때문이다.[16] 즉 타인의 지평이 나의 지평을 비판하고 수정할 수 있다.

두 세계의 만남. 이것이 이해를 드러낼 수 있는 해석학의 모습이다. 서로 다른 세계의 만남을 통해서 단절되었던 과거는 오늘 우리의 삶에서 되살아나며 우리에게 의미를 제공한다. "지나간 바람은 춥지 않다." 어느 드라마의 여주인공이 한 말이다. 그렇다. 지나간 바람은 더 이상 힘을 발휘하지 못한다. 당시에는 살을 에고, 나무를 뿌리째 뽑았다 한들 말이다. 성서도 마찬가지다. 지나간 바람과 같은 것이라면, 성서가 하나님의 말씀이라는 얘기도 무색하기 짝이 없다. 성서가 하나님의 말씀이기 위해서는 성서의 의미를 되살리는 작업, 해석이 필요하다. 해석할 때, 성서는 그때 그 시절의 말씀이 아니라 오늘의 양식으로 살아난다.

그런데 해석을 하기 위해서는 먼저 각각의 세계를 이해해야 한다. 성서 해석의 첫걸음은 성서의 세계와 해석자의 세계를 이해하는 것이다. 성서를 해석한다는 것은 성서의 세계에서 그것이 가졌던 의미 혹은 그 말씀에 대한 반응을 오늘 우리의 세계에서 다시 되살려내는 것이기 때문이다. 이것은 문자적인, 단편적이고 평면적인 연결로 해결할 수 없다. 성서를 이해한다는 것, 그것을 해석한다는 것은 본문의 말과 우리의 경험, 본문의 세계와 우리의 세계 사이의 유비를 발견하는 것이다.[17] 이것은 입체적이며 포괄적인 전망을 드러내는 것이다.

던J. D. G. Dunn이라는 신학자는 성서의 이러한 해석학적 작업을 간단히 '대화'라는 말로 표현한다.[18] 성서 해석은 과거와 현재, 1세기와 21세기, 《신약성서》 저자들 또는 그들의 독자와 현재 해석하는 사람 사이의 대화라는 것이다. 이 대화에서 중요한 것은, 해석자의 생각을 대화 상대에게 강제로 주입하지 않는 것이다. 마찬가지로 상대의 이야기를 그대로 듣기만 해서도 안 된다. 이해는 자신의 생각을 강요하지 않고 상대방의 경험에 참여하여 그의 경험을 자신에게 의미 있는 것으로 만들 때, 바로 그때 생겨난다.

잘못된 대화에는 잘못된 두 가지 방식이 따르기 마련이다. 하나는 상대방의 세계를 이해하지 못하는 것이다. 이로 인해 상대에게 일어난 사건이 그에게 얼마나 중요한지 혹은 왜 중요한지 알지 못한다. 더욱이 엄청난 시공간의 차이를 두고 나누는 대화라면, 상대방의 경험을 싱겁고 김빠지게 혹은 턱없이 부풀려서 이해한다. 그래서 상대방에게 중요하고 기쁜 일이 해석자에게는 별 볼일 없는 일이 되기도 하고, 상대방에게 별 볼일 없는 것에 해석자의 목숨을 걸기도 한다.

다른 하나는 자기 자신을 이해하지 못하는 것이다. 자신의 세계, 자신의 삶의 의미를 깨닫지 못하면 상대방과 대화할 때 그의 경험을 해석자에게 의미 있는 것으로 만들 수 없다. 해석자 자신의 세계에 대한 이해는 상대방의 세계와 연결되는 고리다.[19] 나의 세계를 이해하는 것은 곧 나의 문제나 관심을 이해하는 것이고, 그것이 대화의 중점에 놓이기 때문이다. 자신의 해석학적 지평을 파악하지 못하는 사람은 모래더미에서 바늘을 찾으려고 헤매는 자와 다를 것이 없다. 성서를 읽는 사람이 자신의 세계를 이해해야 하는 것은 이 때문이다. 이것은 아무리 강조해도 지나치지 않다. 흔히 성서에 대한 영적인 해석이 강조되는데, 이것이 삶에 대한 무관심을 동반할 수 있다. 그러나 뒤에서 살펴보겠지만, 영과 육을 분리하고 이 세상과 저 세상을 나누는 것은《신약성서》의 세계관과는 맞지 않다. 자신의 세계를 이해하지 못하고 성서에 접근하는 것은 뜬구름을 잡는 일과 같다. 삶을 벗어나 성서를 이해하면 해석의 현실성을 떨어뜨리고 아전인수식 해석을 부추길 뿐이다.

해석자의 세계, 해석자의 관심의 다양성은 하나의 성서에 다양한 해석의 가능성을 열어놓는다. 성서를 해석해야 한다는 것은 성서가 열려 있는 책임을 의미한다. 절대적인 하나의 해석이란 있을 수 없다.《신약성서》가 100여 년 동안 씌어졌다는 사실이 이미 다양한 상황을 반영하고 있음을 암시한다. 그 다양한 상황이 다양한 해석학적 지평과 만났을 때, 참으로 많은 이야기가 생겨난다. 자신의 해석만을 강조하고 자신의 정당성만을 주장하는 것은 성서를 성서답지 못하게 하는 행위이다. 나만 옳고 남은 그르다는 배타적인 사고는 자신의 해석학적 지평을 넓히지 못함으로써 성서의 지평까지 좁히는 결과를 낳을 뿐이다. 물론 이 다양성이 베티가 비판한 상대적 혼란으로 떨어지지 않기 위해서는 늘 자신의 해석을 비판해야 한다. 해석자뿐만 아니라 성서도 스스로 비판의 기능을 갖고 있다. 성서의 다양성은 서로를 견제하는 역할을 하기 때문이다.

제 2 장 ——————— **성서**
안에서

1. 세월 그리고 사연 ― 시간의 강

(1) 시작 혹은 끝

성서의 말 한 마디, 문장 하나는 그것을 사용하고 이해했던, 그리고 그것을 전파했던 사람들을 전제로 한다. 그러므로 그들을 만나지 못한다면, 성서를 이해하는 것은 불가능하다. 우리는 성서를 통해서 하나님을 만날 수 있을 것이라고 생각하고, 또 그래야 한다고 믿는다. 그러나 성서를 통해서 만나는 하나님은 그들이 경험한 하나님이다. 우리는 그들의 경험을 통해서 하나님을 만나며, 그 만남에서 하나님에 대한 우리의 믿음을 확장할 수 있을 뿐이다. 그러므로 가장 먼저 해야 할 일은 그들이 경험한 하나님을 엿보는 것이다. 그들의 경험에 동참하려면 먼저 그들의 세계를 이해해야 한다. 그들의 하나님은 그들의 세계관을 바탕으로 경험한 하나님이기 때문이다. 그들의 세계관을 이해할 때 비로소 성서의 세계에 첫발을 디딜 수 있다.

그러므로 기원후 1, 2세기에 씌어진 성서를 이해하기 위해서는, 우리의 시선을 그 시절로 돌려야 한다. 그들이 경험한 1세기 팔레스타인의 상황이 그들이 하나님을 이해하는 배경으로 작용하고 있기 때문이다. 당시의 상황이 하나님 이해와 연결될 수밖에 없는 것은 사람은 사회적 동물이기 때문이다. 우리는 객관적이기 위해서 노력하지만, 철저하게 객관성을 유지하기는 어렵다. 사람은 자신이 처한 상황과 교육받은 것에서 자유롭지 못하다. 하나님에 대한 이해도 마찬가지다. 성서에 나타난 하나님은 객관적으로 서술된 존재가 아니다. 성서에는 하나님을 객관적으로 서술하려고 노력한 흔적조차 없다.

《구약성서》는 이스라엘 백성들이 구체적인 역사, 특히 고난의 역사 속에서 어떻게 하나님을 만났고, 그에게 반항했고, 순종했는지를 말하고 있다. 《신약성서》도 마찬가지다. 《신약성서》에는 초기 기독교인들이 예수 그리스도를 통해서 경험한 하나님에 대한 이해가 나타나 있다. 성서는 바로 그들의 경험을 통해서 기독교에서 말하는 하나님을 소개한다. 그리고 성서에 나오는 인물들과 같은 믿음을 요구하면서 우리를 하나님에게로 초대하고 있다.

예수가 활동하고, 기독교가 발흥한 1세기 팔레스타인의 역사, 경제, 정치, 사회, 문화적 상황은 초기 기독교인들의 하나님 경험과 밀접한 관계를 갖는다. 그들은 자신들의 상황에서 형성된 세계관으로 하나님을 이해할 수밖에 없었기 때문이다. 초기 기독교인들은 종교적으로는 유대, 정치적으로는 로마, 문화적으로는 헬레니즘의 영향을 받았다. 이처럼 다양한 정황이 1세기 근동 지역의 세계관을 형성한 중요한 요소들이다. 그리고 이러한 요소들은 기독교가 형성될 때 영향을 미쳤다. 성서의 역사적 배경을 가장 분명하게 보여주는 것이 바로 《신약성서》가 코이네 그리스어로 씌어졌다는 사실이다. 성서는 천상의 언어로 씌어진 것이 아니다.

코이네 그리스어는 원래의 그리스어를 쉽게 변형한 것으로, 알렉산더의 원정을 통해 그리스 밖에 널리 보급되었다. 알렉산더의 군인들은 정복지에서 그리스어를 사용했는데, 이 과정에서 그리스 문화와 근동 지역의 문화가 결합하여 코이네 그리스어가 만들어졌다. 코이네 그리스어는 헬레니즘 세계를 대표하는 문화적 산물로서, 정치적으로 통일될 수 없는 알렉산더의 대제국을 하나로 묶어주는 가장 기본적인 연결고리였다. 성서가 코이네 그리스어로 씌어졌다는 것은 성서에 헬레니즘의 사고가 담겨 있다는 얘기다. 언어를 사용하는 것은 입이나 손끝에서만 이루어지는 작업이 아니기 때문이다.

성서에 나오는 단어들은 우리가 이해하기 어려운 그리스 문화를 배경으로 하고 있다. 그리스 문화가 들어오고 그리스화를 강요하는 상황에서 일어난 기독교는 이러한 상황에 반응하면서 정체성을 형성했다. 정치적 힘인 로마와 문화적 힘인 헬레니즘은 모두 보편주의를 표방한다. 공화정으로 출발한 로마는 기원전 27년에 제국으로 번성하면서 그들이 지배하는 근동 지역을 하나의 세력 아래 묶어두려 했다. 이러한 정치적 이념은 황제 숭배 사상으로 드러났다. 하나의 세계라는 이상은 낯선 것이 아니었다. 알렉산더 이후, 헬레니즘의 근본에 하나의 세계를 꿈꾸는 이념이 있었다. 이처럼 기원전 4세기부터 근동 지역은 그리스화의 영향과 끊임없는 강요를 벗어날 수 없었다.

기독교는 이렇듯 자신의 제국을 통제하려는 정치적, 문화적 세력의 갖가지 억압에 반응하면서 정체성을 형성했다.[20] 성서는 초기 기독교 공동체가 당시의 역사적 배경에 대처한 다양한 모습을 보여준다. 현실에 대응하면서 그들은 하나님에 대한 이해를 넓히고, 예수의 모습에 동화되고 역사적 지평을 형성해갔다. 이 과정에서 기독교의 사고 틀을 형성하는 데 빠질 수 없는 것이 바로 유대교다. 기독교는 처음에 유대교의 작은 종파로 출발했으며, 유대교는 기독교에 하나의 틀을 제공했다.

기독교가 유대적 영향에서 벗어날 수 없다는 것은 《구약성서》에도 분명히 드러난다. 《구약성서》는 이스라엘 백성들의 역사를 통해서 그들과 하나님의 관계를 이야기한다. 기독교는 그 이스라엘 역사를 배경으로 하고 있고,《신약성서》에서 예수는 끊임없이 유대인들과 싸운다. 유대인들이 볼 때 예수와 그를 따르는 자들은 자신들과 같은 것을 믿는 것 같기도 한데, 한편으로는 늘 다른 소리를 하는 뚱딴지 같은 무리다. 유대인들에게 예수의 무리는 골치 아픈 이단아들이었다. 유대인들이 기독교인들을 이렇듯 같기도 하고 다르기도 한 존재로 인식한 것은 전망의 차이 때문이다. 기독교인과 유대인들은 유대적인 뿌리를 공유하고 있었으므로 처음에는 서로를 동일하게 받아들였다. 그러나 기독교인들은 이 전망을 바꾸어 자신들만의 독특한 세계관으로 재구성함으로써 유대인들과 갈라섰다. 결국 그들은 다른 길을 가게 되었다.

기독교에 영향을 끼친 유대적 특징 가운데 중요한 것이 묵시문학적 전망이다.[21] 묵시라는 말은 감춘다 또는 은연중에 드러낸다는 뜻이다. 묵시문학이란 하고 싶은 이야기를 드러내어 말하지 않고 상징적인 표현을 사용해서 전달하는 문학적 양식이다. 이러한 유형의 작품은 무엇인가를 드러내놓고 말할 수 없는 상황을 전제한다. 묵시문학은 억압적인 현실에서 현재 역사에 대한 이해를 드러내는 수단이다. 묵시문학적 전망을 가진 사람들은 불합리하고 악이 득세하는 듯한 상황에서도 하나님이 역사를 주관하신다는 믿음을 잃지 않는다. 그들은 이러한 믿음으로 현실에 항거하는 사람들이다.

그러나 한편으로 그들은 현실에서는 희망을 찾을 수 없기 때문에 세상의 종말이라는 희망으로 현실을 극복하는 자들이다. 묵시문학적 전망은 세상 끝, 즉 종말에 대한 이해를 포함한다. 이를 묵시문학적 종말론이라고 하는데, 마지막 날에 하나님이 승리할 것을 확신하면서, 악한 현 세대의 끝을 기다리는 관점이다. 종말에 대한 희망은 현실이 견디기 어려울수록 왕성해지기 때문에 묵시문학적 종말론은 현재의 상황과 불가분의 관계에 있다.

묵시문학적 전망은 기원전 5세기에 일어나 기원전 2세기에서 기원후 1세기 사이의 팔레스타인에서 가장 만개했다. 이 시기에 이러한 전망이 만개한 것은 기원전 333년 알렉산더의 세계 정복 때부터 시작된 헬레니즘 정책에서 연유한다. 헬레니즘 강요와 하스몬 왕가[22]의 부패라는 두 기둥이 유대사회에 묵시문학적 전망을 팽배하게 한 것이다. 헬레니즘 전파와 하스몬 왕가로 대표되는 제사장 계급의 타락은 유대 신앙을 지킬 수 없게 만들었으며, 이로 인해서 유대사회에는 하나님의 통치를 꿈꾸는 종말론적 희망이 활짝 꽃피게 되었다.

예수의 활동도 1세기 팔레스타인 지역을 지배하던 묵시문학적 종말론에서 벗어날 수 없다. 예수 그리고 그와 함께 하거나 그의 말씀을 듣던 청중들, 또한 그를 따르던 자들은 정도의 차이를 막론하고 묵시문학적 종말론 속에서 하나님의 통치를 기다리고 희망하던 사람들이다. 그들은 모두 하나님의 통치가 실현될 때를 기다리고 있었다. 유대인들에게 널리 퍼져 있던 메시아 대망待望사상이나 예수의 선포에 나타나는 '하나님 나라'는, 악을 무찌르고 다가올 하나님의 통치를 기다리는 유대인들의 기대와 희망을 반영하는 것이다.

하나님 나라는 하나님의 통치, 지배 등을 내포하는 역동적인 의미를 갖는 말로, 하나님의 승리를 확신하는 데서 연유한다. 예수가 선포한 하나님 나라는 예수가 독자적으로 만든 개념이 아니다. 이 개념은 묵시문학적 종말론이나 창조사상, 언약사상 같은 유대인들의 하나님 이해를 배경으로 한다. 즉 하나님 나라는 이 역사를 하나님이 주관하며 하나님이 인간을 영원히 버리지 않을 것이라는 믿음에 기초한다. 역사를 주관하는 하나님과 하나님께 신실한 자에 대한 하나님의 사랑에 근거해서, 고난 속에서도 하나님의 개입과 승리를 확신하는 것이 하나님 나라의 도래에 대한 확신과 희망으로 나타난다.

그러나 복음서에서 예수가 선포하는 하나님 나라와 유대적 하나님 나라는 다르다. 예수는 자신의 도래와 하나님 나라의 도래를 일치시키기 때문이다. 예수는 유대인들의 미래를 현재화시켰다. 그래서 유대인들의 저 세상을 이 세상 속으로 가져온다. 예수가 이렇게 유대인의 이원론을 극복함으로써 기독교는 유대교와 다른 세계관을 형성한다. 물론 기독교에서 하나님과 사탄, 선과 악, 저곳과 이곳, 천국과 지옥 같은 이원론적 구조를 완전히 없앨 수는 없다. 그러나 기독교적 세계관은 이러한 이원론적 구조를 넘어섬으로써 세상을 하나님이 사랑하는 대상으로 만든다. 그러므로 유대인의 이원론적 세계관은 기독교적인 것을 포괄할 수 없다.

예수의 도래와 하나님 나라의 일치는, 유대인들이 미래의 일로 생각했던 하나님 나라의 도래를 현재의 일로 바꾸어놓았다. 그렇다고 복음서의 예수가 유대인들이 품었던 미래의 희망을 포기한 것은 아니다. 복음서에 나타나는 예수는 이미 도래한, 실현된 하나님 나라와 임박한 미래의 하나님 나라를 동시에 선포한다. '하나님 나라'로 상징되는 예수의 묵시문학적 종말론의 전망이 유대적 묵시문학적 전망과 다른 것은 바로 이 때문이다.

유대교가 기독교에 하나의 사고 틀을 제공한 것은 사실이나, 기독교는 그것을 그대로 수용하지 않았다. 즉 유대교의 사고 틀을 독특하게 재해석했다. 역사적 환경에서 벗어날 수는 없지만, 상황을 해석하고 재구성할 수 있기 때문이다. 성서에 나타난 초기 기독교 공동체는 역사를 해석하고, 그에 반응하는 역동적인 움직임을 보여준다. 기독교는 유대의 틀을 가져오되 그 틀 안에서 예수를 재해석함으로써, 정체성을 드러낼 수 있는 독특한 전망을 만들어낸다. 그리고 성서는 기독교가 역사 속에서 어떻게 반응했는지를 보여준다. 성서는 바로 하늘과 땅, 그 사이 인간의 역사에서 하나님과 인간이 어떻게 만나고 있는지를 드러낸다.

(2) 크로노스 혹은 카이로스

유대적 묵시문학은 악으로 규정된 이 세대와 하나님의 시대로 규정된 오는 세대의 분명한 차이와 단절을 주장한다. 그러나 예수가 선포한 하나님 나라에서는 이 세대와 오는 세대를 구분하는 이원론적 시각이 사라지고, 이 세대 속에 오는 세대가 이미 들어와 있다. 하나님 나라는 이 세대가 멸망한 후에야 도래하는 것이 아니라, 이미 이 세대 속에 존재한다. 예수의 도래는 하나님 나라의 도래를 상징하며, 예수의 사건은 이미 시작된 하나님의 통치를 나타낸다.

그러나 한편으로 예수로 인한 하나님 나라의 도래는 이미 시작되기는 했지만 궁극적인 하나님의 승리의 때, 즉 마지막 때에 완성되어야 할 것이다. 그러므로 《신약성서》의 예수의 선포 속에 나타난 하나님 나라의 특징은 '이미 도래한 하나님의 통치'와 '아직 도래하지 않은 하나님의 통치' 사이의 긴장이라고 할 수 있다. 따라서 '이미'와 '아직 아니'라는 표현은 《신약성서》에 나타난 묵시문학적 종말론의 특징을 나타낸다. 이제까지 미래의 일로만 여겼던 종말론적 희망을 예수가 이미 성취했다는 확신, 이것이 기독교가 하나님 나라를 이해하는 방식이다.

기독교인은 미래의 희망을 현실에서 누리는 사람들이며, 미래의 승리를 현실에서 이미 맛본 사람들이다. 하나님 나라의 빛 안에서 현실을 바라봄으로써 자신이 속한 역사를 해석할 수 있는 전망을 얻기 때문이다. 그들의 현실은 고단하기 짝이 없었다. 유대인과 로마제국으로부터 심한 박해를 받았고, 그로 인해 죽음조차 감내해야 했다. 그러나 그들은 기쁘게 죽어갔고 믿음을 저버리지 않았다. 그들이 견딜 수 있었던 것은 고난 속에서 미래의 희망을 보고 그것을 누렸기 때문이다. 하나님 나라는 고난 속에서 그들에게 임했다. 기독교는 고난 속에서 고난을 견디며 형성된 종교다. 그들이 살아남을 수 있었던 이유는 역사를 하나님의 주권 아래에서 해석하는 묵시문학적 전망이 있었기 때문이다.

그러므로 고난과 묵시문학적 전망은 기독교를 이해하는 가장 근본적인 틀이다. 묵시문학적 전망은 세력을 가진 자들에게는 그다지 달갑지 않은 존재다. 하나님의 종말은 소외된 사람에게는 희망이지만, 현실이 달콤한 사람에게는 마뜩찮은 상실을 의미하기 때문이다. 이 세상에서 누릴 것 다 누리는 사람은 미래의 새로운 세계를 그리지 않는다. 새로운 세계가 가져오는 단절이 고맙지 않다. 그러므로 하나님 나라는 늘 이 세상의 나라가 견제해야 하는 세력일 수밖에 없다. 고난이 의미를 잃는다면, 묵시문학적 전망이 더 이상 역사를 해석하는 도구로 쓰이지 못한다면, 그것은 기독교가 변해가고 있다는, 정도에서 벗어나고 있다는 신호다. 지배자의 편에 서고 억압받는 사람들과 마음을 나누지 못한다면, 기독교는 틀을 바꾸어야 할지 모른다. 다른 성서가 필요할지 모른다. 기독교의 역사 이해는 고난을 겪는 세상에서 미래의 저세상을 보여주는 것이기 때문이다.

역사를 보는 이러한 태도는 시간관에서도 드러난다. '때'를 의미하는 그리스어로 크로노스chronos, 카이로스kairos, 호라hora 등이 있다. 이 단어들은 모두 시간을 나타내지만, 조금씩 의미가 다르다. 크로노스가 일반적인 역사의 시간을 의미한다면, 카이로스는 우리의 역사 속에 개입하는 하나님의 시간을 뜻한다. 〈요한복음〉은 카이로스의 의미로 호라라는 단어를 사용한다(〈요한복음〉 2 : 4 ; 4 : 23 ; 5 : 25 ; 16 : 22). 크로노스가 인간 존재의 시간이라면, 카이로스와 호라는 그리스도 사건으로 규정할 수 있는 시간이다. 크로노스가 연속적인 시간의 경과를 나타낸다면, 카이로스는 종말론적으로 성취된 시간, 즉 '결정의 시간'을 의미한다.[23] 크로노스가 역사적 시간 이해라면, 카이로스는 종말론적 시간 이해이다.

예수가 선포한 하나님 나라는 카이로스의 도래를 의미한다. 즉 예수가 말하는 시간은 우리가 속해 있는 일반적 시간의 흐름을 의미하지 않는다. 예수의 도래와 그로 인한 하나님 나라의 도래는 일반적인 역사가 진행되는 과정에서, 연속적인 사건의 진행 속에서 발생하는 것이 아니다. 하나님 나라는 인간의 역사에 침입하는, 혹은 인간 역사의 연속성을 끊고 하나님이 개입하는 종말론적 사건이라고 할 수 있다. 그러므로 크로노스와 카이로스의 차이는 하나님 나라가 우리의 일반적인 사고 구조 속에 있지 않음을 드러낸다. 하나님 나라는 인간이 역사 속에서 노력하여 만드는 것이 아니라, 하나님이 역사에 개입하는 것을 의미한다. 인간의 노력의 산물이 아니라 초월적인 하나님의 통치다. 그러므로 《신약성서》에 나타난 하나님 나라의 의미를 제대로 파악하기 위해서는 '카이로스'를 먼저 이해해야 한다.

카이로스는 외부에서 인간의 역사로 들어오는 시간이라는 면에서 크로노스에 나타나는 연속성의 의미가 없다. 크로노스가 처음에서 시작하여 인과율에 따라 순서대로 진행되는 시간이라면, 카이로스는 처음이 아니라 '끝' 혹은 '종말'에서 시작하여 크로노스를 깨고 들어오는 돌발적인 시간이다. 그러므로 하나님 나라는 궁극적인 하나님의 승리가 실현되는 역사의 끝에서 시작하여 시간을 거슬러 우리의 역사 속으로 들어오는 사건이라고 할 수 있다. 하나님 나라의 초월성이 강조되는 것은 크로노스의 맥락이 아니라 카이로스의 맥락에서다. 미래에 성취될 궁극적인 하나님의 승리의 빛 속에서 지금은 보잘것없는 하나님 나라의 승리가 보장된다. 이러한 맥락에서 하나님 나라와 연결된 '이미'와 '아직 아니'를 이해할 수 있다. 예수의 구원 사건으로 말미암아 이미 도래한 하나님의 통치는 종말의 때에 궁극적인 하나님의 승리의 사건으로 완성된다는 이해는 크로노스의 관점이 아니라, 카이로스의 관점으로만 적절하게 이해할 수 있기 때문이다.

역사를 처음에서부터 순차적으로 이해하는 것이 아니라 끝에서부터 거꾸로 이해하며, 끝이 이미 현재 속에 도래해 있다는 역전된 사고가 바로 기독교가 역사를 바라보는 기본적인 관점이다. 이러한 바탕 위에서라야 예수는 종말론적인, 마지막 때에 다시 올 메시아일 수 있다. 이는 기독교의 세계관이 우리의 일반적인 생각과 얼마나 다른 지를 단적으로 보여준다. 우리가 성서나 성서 속의 예수, 그리고 그를 따르는 자들을 이해하기 어려운 것은 그들이 이렇듯 우리와 전혀 다른 사고체계 안에서 행동하기 때문이다. 이러한 이유 때문에 성서를 우리의 사고체계로 이해하려 할 때, 비이성적이라느니 신화적이라느니 얼토당토 않다느니, 하는 불평들을 하는 것이다. 그러나 성서 속 사람들의 사고체계 안으로 들어간다면, 성서 속 이야기들은 이유 있는 것이 되고 의미를 지니게 된다. 따라서 묵시문학적 전망을 이해하고 카이로스와 크로노스의 차이를 이해하는 것이 성서를 해석하는 출발점이다.[24]

시간은 모든 이에게 같이 주어진다. 시간 자체는 우리에게 주어지는 객관적인 무엇이다. 그러나 시간을 해석하는 방식은 사람마다 다르다. 같은 시간이 어떤 이에게는 짧게 느껴지고 어떤 이에게는 길게 느껴진다. 어떤 이에게는 즐겁게, 어떤 이에게는 지겹게 느껴진다. 또 어떤 이에게는 의미 있게, 어떤 이에게는 무의미하게 느껴지기도 한다. 산다는 것은 이렇듯 자신에게 주어진 시간을 해석하는 일일지도 모른다. 사람은 자신의 시간을 해석하며, 이루지 못한 것 때문에 새로운 시간을 꿈꾸며 산다. 제8요일이나 25시를 꿈꾸는 것은 한정된 시간을 벗어나려는 인간의 몸부림이다. 주어진 시간에서 벗어나려는, 혹은 그 시간을 해석하는 방편들이다. 성서는 바로 이러한 시간에 대한 해석을 보여준다. 성서의 기자들은 자신에게 주어진 크로노스를 카이로스로 해석한다. 동시대인과 똑같이 주어진 시간 속에서 그들은 독특한 경험을 한다. 특별한 시간 해석으로 그들은 다른 사람들과 구분된다.

크로노스 속에서 카이로스를 경험하는 것, 크로노스 속에서 카이로스를 찾아내는 것, 성서는 이것을 믿음이라고 말한다. 성서의 세계에는 이 두 가지 시간 개념이 공존한다. 예수에 대한 크로노스적 서술은 1세기 유대인들의 역사나 로마의 역사서에서 찾아볼 수 있다. 유대 역사서에 나타난 예수 이야기는 성서의 이야기와는 다르다. 유대인들이 보는 예수는 갈릴리에서 활동한 선동가일 뿐이다. 그들은 예수에게서 크로노스밖에 들추어내지 못하기 때문이다. 그러나 카이로스로 해석하는 성서는 예수를 하나님의 아들이라고 고백한다.

카이로스를 이해하지 못하면, 곧 종말론을 이해하지 못하면, 예수의 삶은 일상적인 것에 불과할 것이다. 그러나 또 한편으로 중요한 것은 성서의 카이로스는 크로노스의 바탕 위에 실현된다는 점이다. 성서에서 이야기하는 카이로스라는 독특한 시간은 크로노스와 관련을 맺고 있다. 크로노스를 떠나서 카이로스만을 이야기할 수는 없다. 카이로스는 역사에 침입하는 시간, 크로노스에 찾아온 해석이기 때문이다. 따라서 카이로스라는 계산될 수 없는 시간을 이야기하지만, 단순히 신화적이거나 탈역사적이지 않다. 카이로스는 크로노스에 대한 신학적 해석이라고 할 수 있다.

같은 크로노스라 하더라도 모든 사람이 그것을 다르게 경험하는 것은 저마다 처한 상황이 다르기 때문이다. 같은 상황도 크로노스가 달라지면, 의미가 달라진다. 인간은 같은 강물에 다시 들어갈 수 없는 것처럼, 같은 시간을 다시 경험할 수 없다. 크로노스는 인간의 일상적인 경험 혹은 흘러가는 상황을 의미할 수 있다. 성서의 기자들의 크로노스는 그들의 역사적인 정황을 반영한다.

《신약성서》 27권의 저자들은 서로 다른 크로노스에 속했던 사람들이다. 즉 서로 다른 경험을 한 사람들이다. 그들의 다른 시간은 다른 경험을 의미하며, 그 다른 경험은 카이로스를 다르게 해석하는 것으로 이어진다. 상황이 다르면 하나님을 이해하는 방식도 달라진다. 다른 크로노스는 다른 카이로스를 경험하게 하는 원천이다. 성서에는 같은 사건에 대한 다른 경험, 다른 경험을 통한 다양한 해석이 나와 있다. 크로노스와 카이로스의 긴장이 드러나 있는 것이다.

카이로스와 크로노스의 이 긴장 관계를 놓치면 성서를 제대로 이해할 수 없다. 성서를 이해한다는 것은 성서에 나타난 카이로스적 사고방식을 이해하는 것이다. 카이로스를 놓치고 크로노스로만 성서를 보면 결국 성서의 세계로 들어가지 못한다. 그렇다고 카이로스만으로 성서를 이해하면, 성서의 이야기는 역사 밖에 머무는 하나의 신화에 지나지 않는다. 성서는 크로노스 속에서 카이로스를 사는 사람들의 이야기다. 그들은 크로노스를 바탕으로 해서 신학적 의미를 드러낸다. 그들은 그들의 시간 속에서 하나님을 경험한 사람들이다. 그러므로 성서를 해석한다는 것은 성서 시대의 크로노스 속에서 카이로스가 갖는 의미를 밝혀내는 일일 것이다. 예수를 믿는다는 것은 보이지 않는 시간, 카이로스 속으로 들어가는 것이며, 그 속에서 크로노스를 새롭게 해석하는 일이다. 그러므로 성서를 읽는 것, 예수를 믿는다는 것은 새로운 시간을 경험하는 것이다. 그리고 그 경험을 확장하는 것이다.

2. 시리즈 그리고 버전 — 그 사람 예수

(1) 하나 그리고 둘

성서에 역사적 배경이 있다는 것은 성서의 인물들 혹은 그들을 이야기하는 사람들이 역사를 가지고 있음을 의미한다. 그 인물들의 배경, 그들에 대한 화자의 배경이 곧 성서의 배경을 이룬다. 그러므로 《신약성서》에서 가장 중요한 인물인 예수 그리스도도 역시 독특한 역사적 배경을 가지고 있다. 예수 그리스도라는 이름이 지금은 고유명사처럼 사용되고 있지만 처음부터 그랬던 것은 아니다.

예수는 1세기 팔레스타인에서 활동한 어떤 인물의 이름이다. 그러나 그리스도는 사람의 이름을 나타내는 고유명사가 아니다. 그리스도라는 그리스어는 히브리어의 메시아를 의미하는 것으로, '기름 부음을 받은 자'를 뜻한다.[25] 즉 그리스도는 구원자로서 사람들이 기다리던 메시아를 가리킨다. 기원후 1세기를 전후해서 팔레스타인에 많은 그리스도가 나났던 것은 이 때문이다. 그러므로 예수 그리스도는 '예수는 그리스도다'라는 뜻이다. 예수를 유일한 그리스도로 고백하게 되면서 점차 예수 그리스도가 하나의 고유명사로 남게 되었다.

이런 맥락에서 보면 예수 그리스도라는 이름 자체가 이미 신학적 의미를 담고 있다. 이 고백이 기독교의 출발점이기 때문이다. 예수를 그리스도로 고백함으로써, 다른 그리스도를 배격하고 오직 예수에게 모든 초점을 옮겨놓는다. 신학은 예수가 그리스도가 되는 과정 혹은 그 의미를 찾아가는 길이라고 할 수 있다. 예수는 구체적인 시기, 구체적인 공간에, 즉 그때 그곳에 사람들과 함께 있었던 존재이다. 그러므로 예수에서 시작하는 기독교는 분명한 역사적 맥락을 갖고 있다.

예수를 하나님의 아들 혹은 하나님과 같은 존재로 이해한다고 해도, 예수는 여전히 역사 속에 있다. 예수가 하나님이라면 그는 구체적인 역사 속에 있던 하나님이다. 기독교의 출발점이 예수라면 예수의 출발점은 역사이다. 예수가 이 땅에 왔기 때문이다.

구체적인 역사 속에 존재했던 예수, 그 속에서 가르치고 병을 고치고 먹고 마시고 죽었던 예수를 우리는 '역사적 예수'라고 부른다. 이 표현은 그리스도인 예수와 구별하기 위한 것이다. 시인 황지우가 '가죽부대'라고 불렀던 그것, 육체를 짊어진, 우리와 하나도 다를 것이 없는 역사 속의 한 인간 예수를 말한다. 이렇게 역사적 예수를 구분하는 것은 예수라는 인물에 너무 많은 해석이 따르기 때문이다.

그리스도나 하나님의 아들, 왕 같은 호칭은 예수를 보는 가장 대표적인 시각을 보여준다. 예수가 누구인지 제대로 알기도 전에 그는 우리에게 늘 그리스도로, 왕으로, 메시아로 소개된다. 이 호칭들은 초대 기독교인들이 예수를 통해서 그들이 기다리던 메시아 혹은 왕의 모습을 발견하고 붙여준 이름들이다. 어떤 이는 그를 그리스도로, 어떤 이는 이스라엘의 왕으로, 어떤 이는 사람의 아들로, 또 어떤 이는 세리와 창기의 친구로 부르기도 했다. 이렇듯 다양한 호칭은 곧 예수라는 한 인물에 대한 다양한 해석이다.[26]

성서에 나오는 예수에 대한 많은 호칭은 예수를 보는 시각이 하나가 아님을 알려준다. 이 땅에 왔다간 역사적 예수는 하나다. 그러나 성서 속의 예수는 하나가 아니다. 역사적 인물인 예수는 하나지만, 사람들이 만난 예수는 하나가 아니기 때문이다. 사람들은 예수를 서로 다른 다양한 모습으로 만난다. 다양한 사람들이 다양한 예수의 모습을 경험하는 것이다. 우리가 예수를 하나로만 생각한다면, 성서 속의 예수를 이해할 수 없다. 성서의 예수는 다양한 관점으로 해석된 많은 예수의 모습을 포괄하고 있기 때문이다.

이 다양한 예수의 모습을 우리는 복음서들에서도 만날 수 있다.《신약성서》의 처음에는 〈마태복음〉, 〈마가복음〉, 〈누가복음〉, 〈요한복음〉이 나온다. 복음서는 오늘날의 전기와 같은 것으로, 예수의 말씀과 행적을 기록하고 있다. 그런데 문제는 예수에 대한 기록이 네 개나 되고, 이 네 가지 이야기가 서로 다르다는 데 있다. 네 개의 복음서가 네 개의 서로 다른 예수를 보여주는 것이다. 물론 대강의 줄거리는 비슷하다. 이 땅에서 복음을 전파하다가 유대인들의 손에 죽었으나 다시 살아났다는 기록이다. 그러나 예수의 생애를 전개하는 방법과 강조하는 바는 복음서마다 다르다.

같은 예수를 이야기하는 복음서들이 이렇듯 서로 다른 것은 예수를 해석하는 눈이 다르기 때문이다. 즉 복음서를 쓴 복음서 기자들의 관점이 다른 것이다. 왜 그런가? 학자들이 저마다 제시하는 다양한 이유들은 그들이 사용하는 방법론과 연결되어 있다.

어떤 이들은 복음서들의 차이를 복음서 기자의 신학적 주관의 차이로 보는데, 이러한 시각을 편집비평이라고 한다. 그러나 이들은 복음서 기자들이 왜 서로 다른 신학적 전망을 갖게 되었는지를 분명하게 드러내지 못한다. 그래서 나온 것이 사회학적 비평이다. 이것은 사회학에서 사용하는 여러 이론들을 성서 해석에 적용하는 것으로서, 출발점은 인간은 사회적 동물이라는 명제다. 인간은 사회적 동물이기 때문에 사회의 영향을 받기도 하고 또 사회에 영향을 주기도 한다. 인간은 끊임없이 사회와 상호작용을 한다. 그러므로 사회학적 방법을 통해서 보면 복음서 기자들의 예수 해석이 다른 이유는 분명하다. 저마다 처한 상황이 달랐기 때문에 그들의 해석이 달라진 것이다.

성서가 역사적 산물이라는 것 역시 이것을 의미한다. 예수라는 인물이 구체적인 역사 속에서 활동했을 뿐 아니라, 예수에 대한 해석도 복음서 기자들의 역사적 정황에 따라 다르다는 것이다. 이 다름이 성서에 드러나 있다. 성서는 네 복음서를 통해서 예수에 대한 서로 다른 해석을 한꺼번에 보여준다. 각 복음서는 예수의 이야기를 시리즈로 엮고 있지만, 이것을 모아놓은 네 복음서는 예수를 보는 다양한 관점을 드러내는 서로 다른 네 가지 버전이다. 이것은 무엇을 의미하는가?

《신약성서》안에 들어 있는 네 복음서의 존재는 예수에 대한 기록이 객관적인 사실 보도가 아님을 의미한다. 성서에 나타난 예수는 위에서 살펴본 객관적인 모습의 역사적 예수가 아니다. 성서 속의 예수는 복음서 기자들, 바울 혹은 그 밖의 서신을 쓴 저자들이 해석한 예수다. 성서에서 만나는 예수가 그들의 신앙에 의해서 해석된 예수라는 사실은 예수 그리스도를 이해하는 데 중요한 출발점이다. 왜냐하면 우리는 흔히 우리가 아는 예수가 철저히 객관적인 예수라고 믿기 때문이다. 더욱이 우리는 무의식적으로라도 이 객관성을 진실성과 동일시한다.

우리는 성서를 통해서 객관적인 예수의 모습, 즉 사진과 같은 예수의 모습을 알 수 있다고 생각한다. 그래서 우리가 아는 예수와 다른 것은 틀리다고 규정한다. 예수는 누구에게나 어디서나 영원히 같은 모습이어야 한다고 생각한다. 그러나 우선 《신약성서》 속의 네 복음서가 다르다. 다름을 곧 틀림으로 몰아붙이고 나면, 우리가 어떤 복음서를 손에 쥘 수 있을지 아무도 모른다.[27] 더욱이 우리가 알고 있는 모습의 예수만을 고집하면 그것이 그 옛날 이 땅에 왔다간 청년 예수와 얼마나 같은지 아무도 장담할 수 없다. 성서에서 만나는 다양한 예수의 모습을 인정하지 않은 채 성서에서 객관적인 불변의 예수를 만난 것처럼 떠드는 것은 무모한 일이다.

그렇다고 해서 객관적인 예수, 역사적인 예수를 만날 수 없다는 얘기가 아니다. 언젠가는 만날 수 있을 것이다. 그러나 그러기 위해서는 매우 많은 해석의 껍질을 벗겨내야 한다.[28] 아무런 노력도 없이, 아무런 이해도 없이 예수에게 다가갈 수는 없다. 한번쯤은 내가 알고 있는 예수가 누구인지 생각해보아야 한다. 성서에서 그를 정말 그렇게 말하고 있는지. 또다른 이들의 예수 이야기에도 귀 기울여야 한다. 그리고 생각해보아야 한다. 그는 왜 나와 다른지. 나는 왜 그와 같지 않은지.

(2) 우담바라와 풀잠자리알

성서의 목적은 객관적인 사실을 보도하는 것이 아니다. 이것은 성서를 이해하는 데 아주 중요한 사실이다. 성서뿐만 아니라 책을 읽을 때 중요한 것은 저자들의 의도를 제대로 파악하는 것이다. 성서에 포함된 다양한 책들은 모두 진실을 객관적으로 보도하는 것을 목적으로 하지 않는다. 성서의 목적은 사건에 대한 신앙적 해석이다. 성서의 기자들은 자신이 경험한 하나님 혹은 예수에 대한 그들 나름의 신앙 경험을 동시대인들과 나누려 한다. 우리는 그들의 나눔에 끼어든 사람들이다. 어쩌면 그들은 우리와 같은 후대의 침입자들을 전혀 마음에 두지 않았을 것이다. 그래서 그들의 나눔 속에는 우리에 대한 배려가 없다.

앞에서도 이야기했거니와 우리에게 성서가 어려운 것은

바로 이 때문이다. 그들의 경험에 끼어들 여지가 없다는 것이다. 우리가 그들의 경험을 무조건 객관화하려고 한다면 그것은 그들의 경험을 모독하고 왜곡하는 것이 된다. 그들은 자신의 경험을 박제로 만드는 것을 바라지 않을 것이다. 그들이 바라는 것은 우리가 그들의 경험 속으로 들어가 그것을 나누는 것이다.

그렇다고 해서 성서가 모두 거짓이라거나 사실이 아니라는 얘기는 아니다. 성서는 어떤 역사적 사실 혹은 사건을 보도하고 있다. 성서가 역사적 산물이라는 것은 소설과 같은 허구성에 기초하지 않는다는 것이다. 그러나 문제는 성서의 바탕에 있는 사실성에 다가가기가 쉽지 않다는 것이다. 성서 기자들이 사건을 보도할 때, 뉴스를 전달하듯 혹은 사건을 수사하듯 하지 않았기 때문이다. 성서 기자들의 보도에는 이미 그들의 경험과 신앙이 가미되어 있다. 그래서 객관적인 사건을 주관적 경험으로 채색한다. 네 복음서가 예수를 말하는 방식이 다 다르고 그 가운데 어느 것이 더 맞거나 틀리다고 말할 수 없는 까닭이 여기 있다. 따라서 서로 다르다는 것이 무엇을 뜻하는지, 왜 그들은 예수의 다른 면을 강조했는지, 왜 같은 이야기를 서로 다르게 바꾸어 전하게 되었는지를 먼저 살펴볼 필요가 있다.

오래전 김용옥이 예수의 탄생을 언급했다가 기독교인들의 심기를 불편하게 한 일이 있다. 그가 인용한 구절은 〈누가복음〉2장 1∼7절이다.

이 때 가이사 아구스도가 영을 내려 천하로 다 호적하라 했으니 이 호적은 구레뇨가 수리아 총독이 되었을 때에 첫번 한 것이라. 모든 사람이 호적하러 각각 고향으로 돌아가매 요셉도 다윗의 집 족속인 고로 갈릴리 나사렛 동네에서 유대를 향해 베들레헴이라 하는 다윗의 동네로 그 정혼한 마리아와 함께 호적하러 올라가니 마리아가 이미 잉태되었더라. 거기에 있을 그 때에 해산할 날이 차서 맏아들을 낳아 강보에 싸서 구유에 뉘었더니 이는 사관에 있을 곳이 없음이러라.

김용옥은 로마 총독이었던 가이사 아구스도의 연대와 행적을 사료에서 살펴보면 이 구절의 진위를 알 수 있는데, 가이사 아구스도의 명령으로 수리아 총독 구레뇨가 호구조사를 실시한 기간은 예수의 탄생 시기로 알려진 기원전 4년경보다 훨씬 후대라고 지적했다. 구레뇨가 수리아의 총독으로 있던 때는 기원후 6∼7년이기 때문이다. 더욱이 이치를 따져보아도 세금을 물리기 위한 호구조사에 응하기 위해서 임신한 아내와 베들레헴까지 먼 길을 갔을 리 만무하다. 따라서 예수가 베들레헴에서 태어났다는 것은 역사적 사실이 아니라는 것이 김용옥의 결론이다. 단지 하나의 해석일 뿐이라는 것이다. 베들레헴이 예수의 탄생지가 아니라고 느닷없이 선포했으니 기독교인들에게는 선전포고와 같이 들렸으리라. 항의를 많이 받았는지, 김용옥은 다시는 기독교에 대해서 이야기하지 않겠다고 밝혔다.

김용옥이 지적한 것처럼, 수리아 총독 구레뇨와 베들레헴 탄생설은 사실과 해석의 관계다. 예수의 탄생지를 베들레헴으로 보는 것은 유대인의 왕, 기다리던 메시아라는 예수 상을 반영하는 것이다. 유대인들은 메시아 대망사상을 가지고 있었다. 즉 구세주가 와서 자신들을 고통과 억압에서 풀어줄 것이라고 믿었다. 그런데 그들의 구세주는 다윗의 자손이어야 했다. 이스라엘 왕조의 기틀을 마련한 다윗으로부터 하나님의 영원한 국가가 이룩될 것이라 믿었기 때문이다.

예수가 베들레헴에서 태어나야 하는 것은 그곳이 바로 메시아의 장소이기 때문이다. 예수가 메시아라면 그곳에서 태어나 다윗의 자손임을 보여야 했다. 예수가 베들레헴에서 태어났다는 기록은 예수를 유대인의 메시아로 보는 복음서 기자의 해석을 보여주는 것이다. 그들이 파악한 베들레헴의 중요성이 베들레헴과 예수를 연결한 것이다. 예수의 탄생 이야기 이후, 베들레헴은 성서 어디서도 강조되지 않는다. 예수는 내내 갈릴리 사람으로 나타난다.

예수의 탄생을 구레뇨의 호구조사와 연결하는 〈누가복음〉에 따르면 예수는 기원후 6~7년에 때어났고, 〈마태복음〉에 따르면 기원전 4년경에 태어난 것으로 추정된다. 누가와 마태는 약 10여 년의 시간 차를 두고 예수의 탄생을 얘기하고 있는 것이다. "헤롯왕 때에 예수께서 유대 베들레헴에서 나시매"라는 〈마태복음〉 2장 1절에 따르면, 예수가 태어났을 때 유아 학살을 주도한 이는 헤롯이다. 《신약성서》에는 헤롯이 둘 나오는데, 하나는 예수 탄생기의 왕이고, 다른 하나는 예수가 활동할 당시 갈릴리를 통치하던 왕이다. 이 둘은 같은 사람이 아니다. 예수 탄생시 그를 죽이려고 했던 헤롯이 죽자 예수의 부모가 이집트에서 돌아왔기 때문이다(〈마태복음〉 2 : 19~23). 죽은 자가 다시 살아서 통치할 수는 없는 노릇이다. 예수 탄생기의 헤롯은 소위 헤롯 대왕이라 불리는 자로 기원전 4년에 죽었으며, 세 아들에게 영토를 물려주었다. 그 중 하나가 헤롯 안티파스라는 인물로 예수가 활동할 당시 갈릴리 지역을 통치했다(기원후 4~37년). 〈누가복음〉과 〈마태복음〉에 나타나는 이러한 차이는 실제의 역사적 사건과 성서의 이야기를 연결할 때 주의를 기울여야 함을 보여준다.

일반적으로 예수의 탄생 시기는 〈마태복음〉을 따라 기원전 4년경으로 보고 있지만, 그렇다고 〈누가복음〉의 탄생 이야기가 전혀 가치가 없는 것은 아니다. 누가는 그것을 통해서 자신이 이해하는 예수를 보여주고 있기 때문이다. 누가는 양 치는 목자와 같이 별볼일 없는 사람들에게 경배를 받으며 말구유와 같이 천한 곳에 태어난 메시아의 모습을 보여준다. 이 탄생 이야기는 가난한 자와 비천한 자에게 관심을 보이는 누가의 예수 모습에 참으로 잘 들어맞는다. 누가의 탄생 이야기는 예수가 말구유에서 태어날 수밖에 없었던 이유를 설명해준다. 당시 호구조사가 곳곳에 흩어졌던 사람들을 고향으로 내몰았고, 이 때문에 많은 사람이 한꺼번에 베들레헴에 몰려들어 머물 곳이 마땅치 않았기 때문이다.

복음서 기자들은 종종 자신의 이야기에서 강조하려는 부분에 따라서 다른 역사적 근거를 가져온다. 이것은 사실을 왜곡하는 것과는 다르다.[29] 유아 학살이나 호구조사와 같은 일들을 메시아의 탄생과 연결함으로써, 예수를 해석하는 자신의 시각을 드러내고 있기 때문이다.[30] 〈마태복음〉은 예수가 말구유에서 태어났다고 말하지 않으며, 그것을 설명하려고 하지도 않는다. 〈마태복음〉의 탄생 이야기는 유아 학살이라는 끔찍한 상황을 기적적으로 벗어나는 예수의 모습을 보여준다. 이로써 예수는 태어날 때부터 하나님의 선택을 받은 자로 드러난다. 마태의 탄생 이야기는 자신들의 왕을 죽이려는 유대인들의 흉계와 이방인인 동방 박사의 경배를 받는 유대인의 왕 예수의 아이러니를 그대로 드러낸다. 그리고 탄생 이야기에 나타난 이러한 구성은 권세 있는 왕의 모습을 보이는 마태의 예수에 반영되어 있다.

그러나 탄생과 베들레헴을 둘러싼 논쟁은 〈요한복음〉에 오면 그야말로 김이 빠진다. 〈요한복음〉 1장 1절은 "태초에 말씀이 계시니라 이 말씀이 하나님과 함께 계셨으니 이 말씀은 하나님이시니라"로 시작하기 때문이다. 이 말씀은 곧 예수로 드러남으로써, 예수는 하늘에서 내려온 존재가 된다. 이미 창세 전부터 하늘에 계신 분이었다면, 이 세상에서 태어난 곳이 어디인들 무슨 상관이랴. 그러므로 〈요한복음〉은 예수의 탄생 장소를 언급하지 않을 뿐 아니라 관심조차 없다. 예수는 그냥 하늘의 사람이다. 이 땅 어디서 태어났든 〈요한복음〉 기자가 이해하는 예수의 모습에 전혀 영향을 끼치지 않는다.

이는 〈마가복음〉에서도 마찬가지다. 〈마가복음〉 역시 예수의 탄생을 언급하지 않는다. 〈마가복음〉 기자는 하나님의 아들 예수 그리스도의 복음을 쓰겠다고 그냥 천명한다(〈마가복음〉 1 : 1). 그에게 예수는 고향과 상관없이 하나님의 아들이다. 탄생이라는 하나의 이야기만 보아도 성서는 이렇듯 다르다. 이 다름이 바로 예수를 보는 시각의 차이다. 그러므로 이것은 사실의 문제가 아니라 해석의 문제임이 분명하다.

복음서들이 서로 다른 것은 씌어진 경로 때문이라고도 할 수 있다. 복음서는 예수의 입에서 말이 떨어지기가 무섭게 받아 쓴 것이 아니며, 제자들이 필기도구를 준비해두었다가 예수의 행적을 빠짐없이 기록한 것이 아니다. 예수가 기원전 4년경에 태어났다면, 30년경에 공생애를 마치고 죽었을 것으로 추정된다. 예수의 말씀과 행위는 구전으로 떠돌았을 것이고, 그것들이 조각조각 모여 이리저리 전해졌을 것이다.

복음서 중에 가장 먼저 씌어진 것이 〈마가복음〉인데, 대략 기원후 70년경에 씌어진 것으로 본다. 예수가 죽은 후 40여 년이 지난 때이다. 그리고 〈마태복음〉과 〈누가복음〉의 연대는 80년대, 〈요한복음〉은 90년대로 추정한다.

이 시기는 예수의 말씀과 행적을 그대로 전할 수 있는 때가 아니다. 예수에 관한 것들은 전하는 과정에서 변하기도 하고 덧입혀지기도 하면서 오랜 기간 살아남은 것들이었으며, 복음서 기자들이 그것을 자료로 해석을 덧붙여 오늘날 성서에서 볼 수 있는 예수의 모습을 나타낸 것이다. 그러므로 복음서의 예수는 예수의 사진이 아니라 그림이라고 할 수 있다. 그림 중에서도 초상화가 아니라 예수가 사람들과 함께 있는 모습을 그린 풍경화에 가깝다.

이런 말을 하는 것은, 성서로 들어갈 때 어떤 태도를 취하느냐에 따라 성서를 이해하는 모습이 달라지기 때문이다. 성서를 객관적 역사적 사실로 보고 그 속에서 무엇을 찾으려는 사람과 해석자의 눈으로 성서를 보면서 그 속에서 무엇을 찾으려는 사람은 다르다. 전자에 속한 사람에게 성서가 전해줄 것은 그리 많지 않다.……찾았다고 하더라도, 그것이 진정으로 객관적인 것인지를 확인할 수도 없다.

얼마 전 몇몇 사찰에서 불교에서 신비의 꽃이라 불리는 우담바라가 피었다고 해서 세간의 흥미를 끈 일이 있다. 우담바라는 인도 전설에서 여래如來나 전륜성왕轉輪聖王이 세상에

출현할 때 피어난다는 상상 속의 꽃이다. 이 신비의 꽃이 피었다는 소문이 나자 많은 사람들이 그 절로 몰려들고 나라에 경사가 날 징조라고 좋아했다. 식물학자들도 그렇게 불상을 뚫고 자라는 식물을 보지 못했다고 해서 신비감은 더해갔다. 그런데 그 신비의 꽃 우담바라가 빗자루며 어디고 마구 피어나는 바람에 절이 아닌 곳에서도 볼 수 있게 되었다. 그리고 어느 곤충학자가 빗자루에 핀 우담바라가 풀잠자리알임을 밝혀냈다. 사찰들은 불상을 검사하지 못하게 했으나, 어느 한 스님이 자신의 절에 핀 우담바라를 관찰할 수 있게 배려했고, 결국 불상에 핀 우담바라도 풀잠자리알임이 드러났다.

이 일화를 꺼내는 것은 우담바라를 제물 삼아서 기독교의 우위를 드러내려는 의도가 아니다. 이번 일을 통해서 종교가 할 수 있는 일이 무엇인지, 또 종교가 해서는 안 되는 일이 무엇인지 알 수 있기 때문이다. 객관적으로 드러난 것을 종교적인 것으로 해석할 수는 있다. 그러나 객관적인 사실을 종교적인 것으로 덮어버릴 수는 없다. 풀잠자리알 하나에서도 부처님의 자비를 볼 수 있다면 그것은 누구도 말릴 수 없는 일이며 그러한 신심에 문제를 제기할 수는 없다. 사건이나 사물에 의미를 부여하는 것은 해석자의 몫이기 때문이다. 그러나 빗자루건 창문이건 가리지 않고 자리를 잡는 풀잠자리알을 3,000년 만에 한 번 피는 우담바라라고 우겨서는 안 될 일이다. 그것은 불교 신자에게나 비신자에게나 틀림없는 풀잠자리알이다. 객관적인 사실을 바꿀 수는 없다.

객관성을 무시한 종교적 강요는 이성을 마비시킨다. 몰이
성적인 태도를 종교적 신심으로 받아들여서는 안 된다. 종
교는 이성을 넘어서는 것으로, 종교의 세계는 이성의 잣대
로 잴 수 없다. 성서에 나타난 예수 이야기도 마찬가지다. 아
무리 성서가 역사적 산물이라고 해도, 성서 속의 이야기들이
우리의 입맛에 맞아떨어지게 재단되지는 않는다. 그러나 그
렇다고 해서 이성을 배제하는 것은 아니다. 모든 이성적이고
객관적인 판단을 거부한 채 종교의 세계로 들어간다면 종교
와 이성을 모두 망칠 수 있다. 그곳에서 만날 수 있는 것은 그
다지 많지 않을 것이다.

종교가 이성을 넘어선다는 것은 종교가 갖고 있는 해석학
적 여지를 남겨두는 것이다. 우리의 경험을 해석하고 다른
이의 경험을 인정하는 것, 이런 일은 늘 우리의 사고 밖에서
일어날 수 있기 때문이다. 인간은 누구도 완전하지 않고 저
마다 한계를 안고 있다. 내 한계 밖에 있다고 해서 그것을 불
가능한 것으로 단정할 수 없기에 종교는 이성 너머에 있을
수 있다. 이것이 종교의 개방성이다. 종교는 언제나 열린 세
계여야 한다. 그래서 풀 한 포기에서도, 허물 벗은 곤충의 알
에서도 신의 섭리를 읽을 수 있어야 한다. 그러나 그렇다고
해서 이름 모를 들판의 풀이, 잠자리알이 그 자체로 초자연
적인 신성한 그 무엇은 아니다.

3. 맹구 이야기 — 슬픈 이야기꾼

(1) 맹구 이야기 하나

복음서들에 나타나는 서로 다른 예수의 모습은 복음서 기자들의 서로 다른 예수관을 반영하는 것이다. 예수가 했던 동일한 말씀, 동일한 행위를 복음서 기자들은 자신의 처지와 생각에 따라 다르게 해석한다. 이러한 일은 복음서 곳곳에서 흔히 볼 수 있다. 이 장에서는 복음서마다 다르게 표현되는 두 예문을 통해서 성서에 나타나는 다양한 해석의 모습을 살펴볼 것이다.

예수를 다룬 영화들을 보면 이른바 '성전 정화'라고 불리는 이야기가 자주 등장한다. 이 구절은 네 복음서에 모두 나온다. 그러나 자세히 보면 세세한 내용에서 차이가 나는데, 이 차이는 그냥 지나칠 수 있는 것이 아니다. 여기서 네 복음서의 이야기를 비교해보자.

〈마가복음〉 11장 15~19절

저희가 예루살렘 성전에 들어가니라 예수께서 성전에 들어가사 성전 안에서 매매하는 자들을 내어쫓으시며 돈 바꾸는 자들의 상과 비둘기 파는 자들의 의자를 둘러엎으시며 아무나 기구를 가지고 성전 안으로 지나다님을 허치 아니하시고 이에 가르쳐 이르시되 기록된 바 내 집은 만민의 기도하는 집이라 칭함을 받으리라고 하지 아니했느냐 너희는 강도의 굴혈을 만들었도다 하시매 대제사장들과 서기관들이 듣고 예수를 어떻게 멸할까 하고 꾀하니 이는 무리가 다 그의 교훈을 기이히 여기므로 그를 두려워함일러라 매양 저물매 저희가 성밖으로 나가더라.

〈마태복음〉 21장 12~17절
예수께서 성전에 들어가사 성전 안에서 매매하는 모든 자들을 내어쫓으시며 돈 바꾸는 자들의 상과 비둘기파는 자들의 의자를 둘러엎으시고 저희에게 이르시되 기록된 바 내 집은 기도하는 집이라 일컬음을 받으리라 했거늘 너희는 강도의 굴혈을 만드는도다 하시니라. 소경과 저는 자들이 성전에서 예수께 나오매 고쳐주시니 대제사장들과 서기관들이 예수의 하시는 이상한 일과 또 성전에서 소리질러 호산나 다윗의 자손이여 하는 아이들을 보고 분하여 예수께 말하되 저희의 하는 말을 듣느뇨. 예수께서 가라사대 그렇다 어린 아기와 젖먹이들의 입에서 나오는 찬미를 온전케 하셨나이다 함을 너희가 읽어본 일이 없느냐 하시고 그들을 떠나 성 밖으로 베다니에 가서 거기서 유하시니라.

〈누가복음〉 19장 45~48절
성전에 들어가사 장사하는 자들을 내어쫓으시며 저희에게 이

르시되 기록된 바 내 집은 기도하는 집이 되리라 했거늘 너희
는 강도의 굴혈을 만들었도다 하시니라 예수께서 날마다 성
전에서 가르치시니 대제사장들과 서기관들과 백성의 두목들
이 그를 죽이려고 꾀하되 백성이 다 그에게 귀를 기울여 들으
므로 어찌할 방침을 찾지 못했더라.

〈요한복음〉 2장 13~17절
유대인의 유월절이 가까운지라 예수께서 예루살렘에 올라가
셨더니 성전 안에서 소와 양과 비둘기 파는 사람들과 돈 바꾸
는 사람들의 앉은 것을 보시고 노끈으로 채찍을 만드사 양이
나 소를 다 성전에서 내어쫓으시고 돈 바꾸는 사람들의 돈을
쏟으시며 상을 엎으시고 비둘기 파는 사람들에게 이르시되
이것을 여기서 가져가라 내 아버지의 집으로 장사하는 집을
만들지 말라 하시니 제자들이 성경 말씀에 주의 전을 사모하
는 열심히 나를 삼키리라 한 것을 기억하더라.

이스라엘에서 제의를 올릴 때는 흠이 없는 제물이 꼭 있어
야 했다. 절기 때마다 곳곳에서 사람들이 몰려왔는데, 멀리
서부터 제물을 가져올 수 없기 때문에 예루살렘에 와서 제물
을 준비했다. 그래서 성전 근처나 성전의 한쪽 마당에는 제
물을 파는 사람들이 장사진을 치고 있었다. 게다가 로마 총
독의 얼굴이 새겨진 동전을 성전 헌금으로 바칠 수 없었기

때문에 헌금할 동전을 바꾸어야 했으므로 절기 때의 성전 마당은 아수라장이었다. 그리고 성전 지도자들은 이러한 매매를 묵인하고 나아가 그들과 결탁했으므로 성전의 타락은 극에 달했다. 예루살렘에 올라간 예수는 성전에서 벌어지는 타락한 행태들을 뒤집어엎고 성전을 기도하는 집이라고 선포한다. 이것이 위에서 살펴본 구절들에 나타난 사건이다. 그런데 위에서 비교해본 대로 네 단락은 같은 사건을 전함에도 불구하고, 그것을 이야기하는 방식에서는 굉장한 차이를 보인다. 이 차이는 예수와 성전의 관계로 드러나는데, 이는 결국 예수와 유대교, 기독교와 유대교의 관계를 그대로 반영하는 것이다.

이스라엘 사람들은 성전을 하나님이 머무는 곳이라고 생각했다. 예루살렘 성전은 하나님의 집이었다. 이스라엘은 성전 제의를 통해서 하나님을 만나고 거룩함을 회복했다. 하나님이 없는 이스라엘을 생각할 수 없다면, 성전이 없는 이스라엘 역시 생각할 수 없다. 유대교의 묵시적 소종파에서 출발한 기독교에서도 성전은 중요한 상징성을 지녔다.

그러나 유대교에서 출발했지만 유대교와는 분명히 다른 기독교에서 성전의 상징성을 어떻게 받아들일 것인가, 즉 성전을 어떻게 해석할 것인가는 문제였다. 성전을 옛 시대의 상징으로 치부하고 등을 돌림으로써 기독교의 새로움을 강조할 것인가? 혹은 성전의 상징성을 그대로 받아들여 기독교에 적용함으로써 하나님의 구원의 연속성을 강조할 것인가? 이 가운데 어느 하나가 정답이라고 할 수는 없다. 복음서 기자들은 자신의 처지와 신학적 전망에 따라 다른 태도를 취했기 때문이다. 〈마가복음〉과 〈요한복음〉 기자는 성전을 매우 부정적으로 바라본 반면, 〈마태복음〉과 〈누가복음〉 기자는 긍정적인 태도를 보인다.

성전에서 행한 예수의 모습을 보면, 〈마가복음〉에는 다른 복음서에 나오지 않는 구절이 있다. "아무나 기구를 가지고 성전 안으로 지나다님을 허치 아니하시고"라는 부분이다. 여기서 기구는 제사 때 사용하는 특별한 기구를 의미한다. 그러므로 〈마가복음〉의 이 구절은 예수가 단순히 성전에서 벌이는 매매 행위를 금한 것이 아니라, 성전 제의 자체를 금하고 있음을 드러낸다. 다른 복음서들에 나오지 않는 이 과격한 구절이 〈마가복음〉에 나오는 것은 〈마가복음〉이 성전을 그만큼 부정적으로 보고 있음을 의미한다.

한편 성전을 부정적으로 바라보는 〈요한복음〉의 시각은 성전에서 보이는 예수의 강력한 행위를 통해서도 드러나지만 인용문이 속한 문맥을 통해서 더욱 강조된다. 다른 세 복음서의 성전 이야기는 예수의 활동 말기, 예수가 죽기 위해서 예루살렘에 올라갔을 때의 일로 나와 있다. 그래서 성전에 대한 〈마가복음〉의 격렬한 반대는 곧 예수의 죽음을 부른 원인이 된다. 그러나 〈요한복음〉에서 성전 정화는 예수의 활동 초기에 일어난 일로, 〈요한복음〉의 예수의 활동을 예고하는 역할을 한다. 예수는 처음부터 성전을 뒤집어엎고, 즉 성전에 대한 반감을 그대로 드러낸 후에 활동한다. 그리고 예수는 "성전과 자기 자신을 동일화한다"(〈요한복음〉 2 : 20~21). 이제는 성전의 시대가 아니라 자신의 시대가 왔음을 선언하는 것이다.

이들에 비하면 〈마태복음〉과 〈누가복음〉의 성전 이야기는 매우 부드럽게 진행된다. 이 두 복음서에서 예수는 성전 정화를 행하지만 성전 자체를 부정하지는 않는다. 오히려 성전은 예수가 활동하는 근거지로 나타난다. 〈마태복음〉에서 예수는 성전 정화 후에 자신에게 오는 병자들을 고쳐주고 아이들은 성전 안에서 예수를 '다윗의 자손'이라고 부른다. 성전은 예수의 능력과 정체가 드러나는 곳이다. 다윗의 자손이라는 칭호는 〈마태복음〉에서 매우 중요하다. 앞에서 언급한 탄생 이야기에서도 〈마태복음〉이 베들레헴을 강조한 것은 예수를 유대인의 왕으로 드러내기 위해서다. 〈마태복음〉 기자는 유대교의 심장부인 성전 안에서 예수를 다윗의 자손이라고 선포함으로써 성전을 예수의 것으로 만든다. 대제사장들이 화를 내는 것은 예수의 성전 정화 때문이 아니라 바로 이것 때문이다.

〈누가복음〉도 마찬가지다. 여기서 성전은 예수가 가르치는 장소로 드러난다. 예수는 "날마다 성전에서 가르침"을 베품으로써 성전의 주인으로 행세한다. 성전에서 선포되는 것은 대제사장들의 가르침이 아니라, 예수의 가르침이다. 〈누가복음〉에서 예수의 죽음은 성전에서 가르친 일과 연결된다. 유대인들은 자신들의 성전을 예수가 소유했기 때문에 그를 죽음으로 몰고 간다. 성전을 바라보는 복음서 기자들의 다양한 태도는 유대인들에 대한 그들의 시각을 반영한다. 〈마태복음〉과 〈누가복음〉이 유대인들을 긍정적으로 보는 반면, 〈마가복음〉과 〈요한복음〉은 부정적인 시선을 보낸다.

이러한 해석의 차이를 무시하고 서로 다른 네 가지 본문을 하나의 이야기로 귀결시켜버리면, 그 이야기들이 복음서에서 지니는 의미가 사라져버린다. 혹은 이 차이가 마음에 걸린 나머지 가장 진실에 가까운 것을 고르려고 해도 너무 많은 위험이 따른다. 〈요한복음〉은 이야기가 일어난 시기부터 다른데, 진위를 따지려 들면 한이 없다. 계속 강조하지만 맞고 틀린 것에 집착하면 어떤 소리도 들을 수 없다. 다만 분명한 것은 다르다는 것이다. 그리고 그들이 다 맞다는 것이다. 그들의 처지에서는, 그들의 경험에서는, 그들의 믿음에서는.

(2) 맹구 이야기 둘

오래전 텔레비전 프로그램에 나왔던 맹구를 들먹이는 것은 각각의 이야기가 지니는 다양성을 없애버렸을 때 일어나는 슬픔을 이야기하고자 하기 때문이다. 우선 크게 인기를 끌었던 우리들의 맹구 이야기를 들어보자. 선생님이 교실에 들어오자 맹구는 선생님께 토끼와 거북 이야기를 들려준다.

토끼가 낮잠을 자고 있는데, 거북이 왔거든요. 거북은 토끼 간을 먹으려고 했는데, 간이 어디 있는지 몰라서 토끼랑 간 찾기 놀이를 했대요. 그래서 토끼랑 거북이랑 누가 빨리 뛰는지 시합을 했는데, 토끼는 산토끼, 산토끼 하고 뛰다가 토꼈대요. 그래서 거북이 막 잡으러 갔는데, 가다가 힘이 들어서 잠을 잤대요. 그런데 꿈속에 산신령이 나타나더니 "이 간이 네 간이냐?" 그러더래요. 그때 토끼가 막 뛰어와서 "내가 이겼다" 그랬대요. 그래서 거북은 "그래, 네 간이나 먹어라, 내가 너에게 상으로 주노라" 그랬대요. 선생님, 간 있으세요? 선생님도 간이나 드시죠.

토끼와 거북 이야기와 별주부전 그리고 나무꾼과 도끼 이야기까지 제 마음대로 섞어 놓은 이야기다. 그러나 무슨 소리를 하고 있는지 아무도 모른다. 토끼와 거북 이야기도 아니고 별주부전도 아니며 나무꾼과 도끼 이야기는 더더욱 아니기 때문이다. 그러므로 맹구도 알고 우리도 안다. 맹구의 이야기 속에 아무런 의미가 없음을. 우리가 맹구 이야기에 배꼽을 잡는 것은 그 무의미함 때문이다. 자못 그럴듯하고 심오하게 보이는 이야기들을 해체하고 제멋대로 연결함으로써 모든 이야기를 아무것도 아닌 것으로 만들어버리는 재주가 맹구에게는 있다. 맹구는 우리의 의미의 세계를 깨뜨리고 우리를 아무 생각 없는 사람으로 만든다. 그러나 그 생각 없음이 한순간 우리를 쉬게 해주고 있다. 그러니 우리는 한바탕 웃으면 그만이다. 이 이야기를 듣고 웃지 않는다면, 그 사람이 우스운 거다. 맹구는 심각함과 유의미성을 날려버린다.

어쩌면 맹구 이야기의 오묘한 조화는 말도 안 되는 이야기들이 그럴듯하게 판치는 이 세상을 풍자하는 것인지도 모른다. 말도 안 되는 일을 심각하게 고민하는 우리의 일상을 비웃는 것이다. 그런데 풍자도 아니고 쓴웃음도 아닌, 다만 이상한 섞기 놀음이 성서를 해석하는 과정에서 심심찮게 일어난다. 네 복음서에 모두 나오는 '향유 부은 여인의 이야기'를 살펴보자. 위에서 본 서로 다른 성전 정화 이야기가 모두 독특한 의미를 지니는 것처럼 이 이야기 역시 그렇다.

〈마가복음〉 14장 3~9절
예수께서 베다니 문둥이 시몬의 집에서 식사하실 때에 한 여자가 매우 값진 향유 곧 순전한 나드 한 옥합을 가지고 와서 그 옥합을 깨뜨리고 예수의 머리에 부으니 어떤 사람들이 분내어 서로 말하되 무슨 의사로 이 향유를 허비했는가 이 향유를 삼백 데나리온 이상에 팔아 가난한 자들에게 줄 수 있었겠도다 하며 그 여자를 책망하는지라 예수께서 가라사대 가만 두어라 너희가 어찌하여 저를 괴롭게 하느냐. 저가 내게 좋은 일을 했느니라. 가난한 자들은 항상 너희와 함께 있으니 아무 때라도 원하는 대로 도울 수 있거니와 나는 너희와 항상 함께 있지 아니하리라. 저가 힘을 다하여 내 몸에 향유를 부어 내 장사를 미리 준비했느니라. 내가 진실로 너희에게 이르노니 온 천하에 어디서든지 복음이 전파되는 곳에는 이 여자의 행한 일도 말하여 저를 기념하리라 하시니라.

〈마태복음〉 26장 6~13절

예수께서 베다니 문둥이 시몬의 집에 계실 때에 한 여자가 매우 귀한 향유 한 옥합을 가지고 나아와서 식사하시는 예수의 머리에 부으니 제자들이 보고 분하여 가로되 무슨 의사로 이것을 허비하느뇨. 이것을 많은 값에 팔아 가난한 자들에게 줄 수 있었겠도다 하거늘 예수께서 아시고 저희에게 너희가 어찌하여 이 여자를 괴롭게 하느냐. 저가 내게 좋은 일을 했느니라. 가난한 자들은 항상 너희와 함께 있거니와 나는 너희와 항상 함께 있지 아니하리라. 이 여자가 내 몸에 이 향유를 부은 것은 내 장사를 위하여 함이니라. 내가 진실로 너희에게 이르노니 온 천하에 어디서든지 이 복음이 전파되는 곳에는 이 여자의 행한 일도 말하여 저를 기념하리라 하시니라.

〈누가복음〉 7장 36~50절

한 바리새인이 예수께서 자기와 함께 잡수시기를 청하니 이에 바리새인의 집에 들어가 앉으셨을 때에 그 동네에 죄인인 한 여자가 있어 예수께서 바리새인의 집에 앉으셨음을 알고 향유 담은 옥합을 가지고 와서 예수의 뒤로 그 발 곁에 서서 울며 눈물로 그 발을 적시고 자기 머리털로 씻고 그 발에 입 맞추고 향유를 부으니 예수를 청한 바리새인이 이것을 보고 마음에 이르되 이 사람이 만일 선지자더면 자기를 만지는 이 여자가 누구며 어떠한 자 곧 죄인인 줄을 알았으리라 하거늘 예수께서 대답하여 가라사대…… 이러므로 내가 네게 말하노니 저의 많은 죄가 사하여졌도다. 이는 저의 사랑함이 많음이라 사함을 받은 일이 적은 자는 적게 사랑하느니라. 이에 여자에게 이르시되 네 죄 사함을 얻었느니라 하시니 함께 앉은 자들이 속으로 말하되 이가 누구이기에 죄도 사하는가 하도다. 예수께서 여자에게 이르시되 네 믿음이 너를 구원했으니 평안히 가라 하시니라.

〈요한복음〉 12장 1~8절

유월절 엿새 전에 예수께서 베다니에 이르시니 이 곳은 예수께서 죽은 자 가운데서 살리신 나사로의 있는 곳이라. 거기서 예수를 위하여 잔치할 새 마르다는 일을 보고 나사로는 예수와 함께 앉은 자 중에 있더라. 마리아는 지극히 비싼 향유 곧 순전한 나드 한 근을 가져다가 예수의 발에 붓고 자기 머리털로 그의 발을 씻으니 향유 냄새가 집에 가득하더라. 제자 중 하나로서 예수를 잡아 줄 가룟 유다가 말하되 이 향유를 어찌하여 삼백 데나리온에 팔아 가난한 자들에게 주지 아니했느냐 하니 이렇게 말함은 가난한 자들을 생각함이 아니요 저는 도적이라 돈궤를 맡고 거기 넣는 것을 훔쳐 감이러라. 예수께서 가라사대 저를 가만 두어 나의 장사할 날을 위하여 이를 두게 하라. 가난한 자들은 항상 너희와 함께 있거니와 나는 항상 있지 아니하리라 하시니라.

〈마가복음〉과 〈마태복음〉의 이야기는 비교적 비슷하지만, 〈누가복음〉과 〈요한복음〉의 이야기는 많이 다르다. 가장 큰 차이점은 〈마가복음〉과 〈마태복음〉에서는 여자가 예수의 머리에 향유를 부은 반면, 〈누가복음〉과 〈요한복음〉에서는 예수의 발에 향유를 붓는다는 것이다. 이것은 대단히 큰 차이다. 전자는 예언자들이 하나님의 택하심을 받은 자들에게 하는 예언적 행위이며, 후자는 팔레스타인의 사막지대에서 먼 길을 온 손님에게 하는 풍습이기 때문이다.

〈마가복음〉이나 〈마태복음〉에서 여자는 예수의 죽음을 감지한 예언자의 모습으로 드러나며, 예수는 그녀의 행위가 영원토록 기억될 것이라고 말한다. 그러나 〈누가복음〉의 여자는 예언자가 아니다. 더욱이 다른 복음서들과 달리 죄인으로 드러난다. 〈누가복음〉에서 여자의 행위는 죄 사함을 감사하는 표시로 나타난다. 그것은 예수의 죽음과는 아무 관계가 없다. 〈요한복음〉에서 여자는 마리아로 나타나는데, 문맥상 이 마리아는 마르다와 함께 나사로의 누이다. 나사로와 마르다, 마리아는 〈요한복음〉에서 특별하게 예수의 사랑을 받는 사람들로, 〈요한복음〉의 향유 이야기는 〈요한복음〉 11장에 나오는 나사로를 살린 이야기와 연결되어 있다. 〈요한복음〉의 식사는 나사로가 살아난 것을 축하하는 자리다. 반면 〈마가복음〉과 〈마태복음〉에서 식사한 곳은 문둥이 시몬의 집으로, 〈누가복음〉에서는 바리새인 시몬의 집으로 나타난다.

그런데 이러한 차이를 무시한 채 이 이야기는 종종 다음과 같이 소개된다.

예수께서 베다니에 이르렀다. 그곳에서 문둥이인 바리새인 시몬의 집에 들어가서 그와 함께 식사를 하셨다. 그때 창녀인 막달라 마리아가 지극히 비싼 향유 곧 순전한 나드 한 근을 가져다가 예수의 머리에 붓고 자기 눈물로 그의 발을 씻으며 그의 발에 입을 맞추었다. 제자 중 하나인 가룟 유다가 말하되 이 향유를 어찌하여 삼백 데나리온에 팔아 가난한 자들에게 주지 아니했느냐 하니 이렇게 말함은 가난한 자들을 생각함이 아니요 저는 도적이라 돈궤를 맡고 거기 넣는 것을 훔쳐 감이러라. 예수께서 가라사대 저를 가만 두어라. 그녀의 죄가 이미 사하여졌느니라. 내가 진실로 너희에게 이르노니 온 천하에 어디서든지 복음이 전파되는 곳에는 이 여자의 행한 일도 말하여 저를 기념하리라 하시니라.

네 복음서의 향유 이야기나 그것들을 종합해놓은 위의 이야기나 언뜻 보면 다 그게 그것 같다. 그러나 이들 사이에는 아주 큰 차이가 있다. 네 가지 이야기를 종합해놓은 위의 단락은 그야말로 맹구 이야기다. 여기서는, 각각의 복음서에 나온 향유부은 여자 이야기가 갖고 있는 의미들이 해체되고 단 하나의 의미만이 강조된다. 이 여자처럼 옥합을 깨라!

바리새인 시몬이 문둥이인지, 그 바리새인이 나사로인지는 알 수 없다. 죄인인 여자가 창녀였는지, 그 여자의 이름이 막달라 마리아였는지, 그 마리아가 나사로의 누이인지도 알 수 없다. 이 알 수 없는 것들을 한데 섞어서 이야기를 만들었기 때문에 본디 복음서 기자들이 부여했던 독특한 의미는 사라져버렸다. 더욱이 머리에 기름을 부은 것과 발에 기름을 부은 것은 전혀 다른 의미를 위한 장치다. 그리고 그 여자를 기념하는 것도 그녀의 예언적 행위와 관련된 것이지, 죄 사함과 연결되는 것이 아니다.

같은 내용인데 달라 보이는 이야기들을 우리 입맛에 맞게 만들다 보니 성서는 없어지고 맹구만 남은 형국이다. 맹구는 웃음이라도 주지만, 이 종합편 이야기를 설교할 때는 아무도 웃지 않는다. 맹구를 보고 웃지 않는 것이 얼마나 우스운 일인가. 왜 이런 식의 무모한 해체, 이상한 해석이 난무하는가. 아마 다른 형국을 보아넘기지 못하는 우리의 반듯한 심성 때문인지 모른다. 같은 것이 달라졌으니 어서 빨리 원형을 복구해야 한다는 이상한 조급증 때문일지 모른다. 그러나 다른 것은 다른 대로 놔두면 된다. 다른 대로 해석하면 그것으로 충분하다. 그러면 그것이 살아난다. 성서를 일 점 일 획도 건드리고 싶지 않다면, 다른 것을 그대로 놓아두고 의미를 따라가는 것이 순리다.

시기상으로 더 오래된 것은 〈마가복음〉과 〈마태복음〉에 나오는 이야기다. 이 이야기에서 〈마가복음〉과 〈마태복음〉은 예수의 죽음을 준비하는 이름 없는 여인의 예언적 행동을 강조한다. 익명의 그 여인은 예수를 제대로 알고 믿은 자다. 그래서 그의 행위는 이름 붙은 많은 제자들을 부끄럽게 한다. 자기의 믿음과 믿는 자로서 권위를 내세우고 싶다면, 이 여자를 기억해보라. 예수를 줄곧 따라다녔지만 예수의 죽음을 이해하지 못했던 사람들을 보면서, 예수를 안다고 내세우는 것이 얼마나 믿을 수 없는 일인지를 돌이켜보는 것도 좋을 것이다. 여자를 기념하라는 예수의 말씀은 예수의 죽음을 기억하고, 예수의 수난에 동참하는 것을 되새기게 한다.

〈누가복음〉은 이 여자를 통해서 예수의 죄 사하는 권세를 강조한다. 예수는 제사를 통하지 않고도 말씀 하나로 죄를 용서해주고 그것을 여러 사람 앞에서 확증해줄 수 있는 존재다. 여자는 그것이 감사해서 자신의 옥합을 깨뜨린다. 그러므로 〈누가복음〉은 다른 복음서들처럼 여자의 이야기를 수난 이야기 가운데 두지 않는다. 다른 복음서들에서는 이 이야기가 예루살렘 입성 후에 나오는 반면, 〈누가복음〉에서 여자는 예수가 아직 갈릴리에 있을 때 그에게 나아간다. 이 여자를 통해서 예수는 일찌감치 죄를 사해줄 수 있는 구원자로 모습을 드러낸다.

〈요한복음〉에서도 예수의 죽음을 강조하지만, 마리아라는 여자와 유다라는 배반자의 대조가 두드러진다. 예수의 발을 씻긴 나사로의 누이 마리아의 행위는 제자들의 발을 씻기는 예수의 행위와 나란히 놓인다. 이를 통해서 그녀의 헌신이 강조된다. 더욱이 〈요한복음〉에만 나오는 '향유 냄새가 집에 가득하더라'는 '헌신'의 의미를 되새기게 한다. 향유는 예수에게 부었지만 그 냄새는 집안에 있는 모든 사람들이 맡는 것처럼, 헌신은 예수에게 하는 것이지만 헌신의 결과는 함께 있는 사람들을 향한다. 예수를 사랑함으로 이루어진 예수에 대한 헌신은 다른 이들의 삶을 풍성하게 하는 것이 헌신의 본질일 것이다. 이에 비해 예수의 열두 제자 중 하나인 유다는 예수를 팔아 넘기는 도적이며, 헌신의 의미를 모르는 자이다. 그의 문제는 이것이다. 제자도의 출발점인 헌신의 방향을 알지 못한 것이다.

각각의 이야기가 지닌 고유성이 허물어지면 그 속에는 아무것도 남지 않는다. 왜 머리에 향유를 부어야 하는지, 왜 바리새인의 집에서 식사해야 하는지, 왜 죄인이어야 하는지, 왜 나사로의 누이 마리아여야 하는지, 왜 문둥이의 집이어야 하는지, 저마다 이유가 다 있다. 그 이야기를 통해 드러내고 싶어하는 의미가 있다. 그 많은 의미를 없애면서 모은 종합세트에서 무엇을 얻을 수 있을까? 예나 지금이나 그럴듯하게 포장한 종합선물세트를 열어보면 안은 허술하기 짝이 없다.

다른 것을 합치려 드는 것은 각각이 왜 다른지를 알지 못하기 때문에 생기는 현상이다. 다르다는 것이 얼마나 중요한지 알지 못하니, 얼마나 심각한 일을 저질렀는지도 깨닫지 못한다. 다양성을 무시할 때, 서로 다른 것을 인정하지 않을 때, 성서는 제 목소리를 낼 수 없다. 성서의 가장 중요한 특징 가운데 하나는, 하나로 묶여 있지만 같은 이야기를 하고 있지 않다는 것이다. 같아 보이지만 같지 않은 것, 같아 보이지만 서로 다른 것, 그것이 성서다. 성서, 특히《신약성서》는 한 사람의 예수를 보는 서로 다른 사람들의 생각과 경험과 믿음을 담고 있다.

1. 너희가 사랑을 아느냐 — 옛 질서의 파괴

(1) 반박

《신약성서》의 복음서들은 저마다 다른 소리를 내고 있다. 그러나 그렇다고 해서 모두 뿔뿔이 중구난방으로 딴 소리를 하고 있지는 않다. 하나의 사건, 하나의 인물을 보는 관점이 다를 뿐 다른 사건, 다른 사람을 이야기하고 있는 것은 아니기 때문이다. 《신약성서》는 예수가 이 세상에 온 것에 대한, 이 세상에 와서 한 일에 대한 혹은 예수라는 인물에 대한 서로 다른 믿음의 강조점들을 드러낸다. 그것은 결국 예수를 통해 활동하시는 하나님에 대한 믿음이다. 《신약성서》와 《구약성서》를 합치면, 그 가운데는 하나님이 있다. 성서는 하나님의 일을 이야기한다. 이것이 다양한 《신약성서》의 이야기를 하나로 묶을 수 있는 통일성이다.

성서와 기독교를 이해하는 출발점은 하나님의 초월성에

있다고 생각된다. 성서는 초월적인 하나님이 세계와 인간을 만드신 데서 이야기를 시작한다. 초월적인 것과 유한한 것의 괴리를 메우는 것은 늘 하나님이다. 성서는 바로 이 점을 보여준다. 성서는 여러 가지 다양한 이야기를 하고 있다. 그러나 관점이 다양할 뿐 주제는 같다. 하나님이 인간에게 무엇을 행하셨는가, 하나님이 인간에게 무엇을 원하셨는가, 인간은 하나님에게 어떻게 응답했는가. 즉《신약성서》와《구약성서》를 통틀어 성서의 초점은 하나님과 인간의 관계에 있다.

이 '관계'가 중요하다. 관계라는 말을 뺀 채, 성서가 하나님과 인간을 각각 이야기한다고 정의한다면 동의할 수 없다. 성서는 하나님이나 인간을 객관적으로 정의하는 책이 아니기 때문이다. 신이나 인간을 정의하고 반성하는 것은 철학에서 할 일이다. 물론 성서도 철학적 해석을 내릴 수 있는 근거를 제공하지만, 철학적 목적을 추구하지는 않는다. 성서는 하나님의 속성을 이야기하지 않는다. 다만 하나님이 이 세상과 인간과 어떤 관계를 맺고 있는지, 어떤 관계를 맺고자 하는지 이야기할 뿐이다.

인간에 대해서도 마찬가지다. 성서는 인간을 철학적으로 반성하는 장이 아니다. 성서는 인간을 이야기하지만 그 이야기는 하나님과 관계를 맺는 인간에게 집중된다. 인간이 하나님과 관계를 맺는 것, 이것이 우리가 말하는 구원이다. 성서는 우리가 어떻게 구원받을 수 있는지, 구원받는다는 것은 무엇인지, 구원받은 인간은 다른 이들과 어떤 관계에 있어야 하는지 혹은 예수를 통한 구원이라는 것이 무엇을 의미하는지 등을 이야기한다. 성서의 다양한 이야기들은 하나님과 인간, 인간과 인간의 관계에 대한 신학적 이해를 반영하고 있다.

이 '관계'를 우리는 성서의 통일성이라고 부를 수 있다. 성서는 단지 하나님만을 이야기하지 않는다. 그렇다고 인간의 이야기만 하는 것도 아니다. 성서는 인간을 향하는 하나님의 끊임없는 부름을 이야기하며, 그 부름에 반응하는 인간의 다양한 모습을 이야기한다. 성서에서 하나님과 인간의 관계는 하나님의 초대 혹은 하나님의 요구와 인간의 응답이라는 형태로 반복된다. 〈창세기〉에서 〈요한계시록〉까지 계속 이것을 이야기하고 있다.

그런데 이 관계 속에서 역시 끊임없이 반복되는 틀이 있다. 바로 하나님의 부름에 대한 인간의 거부 혹은 하나님에 대한 인간의 오해다. 인간은 늘 하나님의 목소리에 제대로 응답하지 못한다. 인간은 하나님을 제 나름의 모습으로 꾸며놓고, 하나님의 뜻이라 우겨댄다. 그리고 자신의 하나님과 같지 않으면 하나님이 아니라고 곧잘 단정짓는다. 성서에 나오는 인간은 늘 하나님에게서 퉁겨 나가려고 한다. 이들을 말리려고, 나가는 자들을 붙잡으려고 하나님은 계속해서 그의 사람들을 보낸다. 그래서 인간과 하나님의 관계는 지속될 수 있다. '네가 가버리면 나도 안 본다'는 식이었다면, 하나님과 인간의 관계는 일찌감치 끝장났을 것이다. 그러나 하나님은 지치지도 않는다. 이것이 성서 이야기다.

예수가 유대 땅에 왔을 때에도 그랬다. 예수는 늘 사람들에 둘러싸여 있곤 했는데, 그 가운데는 예수를 잡아 죽이려는 이들도 있었다. 예수는 활동 기간 내내 그에 맞서는 유대인들에게 시달려야 했다. 그들이 예수를 반대하는 이유는 분명했다. 같은 하나님을 믿는다고 생각했는데, 예수가 전하는 하나님의 모습은 자신들이 믿는 하나님과 달랐기 때문이다.

복음서를 보면 예수가 와서 선포한 것은 하나님 나라이고, 하나님 나라라는 말을 통해서 가장 강조되는 것이 하나님의 주권이다. 그러므로 예수가 하나님 나라를 선포했다는 것은 곧 유대인들이 믿는 창조주 하나님의 통치를 선포했음을 의미한다. 예수가 하나님의 주권을 선포하는 것까지는 좋았는데, 문제는 하나님에 대한 이해가 유대인들과 다른 데 있었다. 다른 하나님을 선포하는 것은 직접적으로 유대인들을 공격하는 것이었다. 예수는 유대인들의 하나님을 선포했지만, 그들과 다른 이야기를 함으로써 유대인들의 허위성을 폭로한다.[31]

유대인들은 자신들이 하나님의 백성이라는 것을 매우 자랑스러워했다. 그리고 그 특권을 지키고 싶어했다. 그들은 특권 유지 방편으로 율법 준수를 내세웠다. 모세가 이스라엘에 전한 율법은 이스라엘의 구원을 확신시켜 주는 징표였다.

율법은 이스라엘과 하나님을 이어주는 다리와 같은 구실을 했다. 율법을 줌으로써 하나님은 이스라엘의 하나님이 되었고, 율법을 지킴으로써 이스라엘은 하나님의 백성이 되었다. 유대인들의 율법은 그들의 거룩함을 드러내는 수단이었다. 그러므로 유대인들이 율법을 하늘같이 떠받들며 그것을 지키는 일에 심혈을 기울이는 것은 당연한 일이다.[32] 율법은 특히 거룩함과 관련이 있는 것으로서, 율법의 준수 여부는 그 사람의 거룩함 여부를 드러내며, 거룩하지 못한 자는 하나님의 백성이 되기에 합당하지 못하다고 보았다. 그러므로 정결법淨潔法 같은 것들이 유대인들의 삶에서 중요한 자리를 차지했다.

그러나 당시의 상황에서 일반인들이 율법을 준수하기란 참으로 어려웠다. 로마의 식민지였던 1세기 팔레스타인에서는 많은 사람들이 빈곤층에 속했는데, 하층민들은 직업이나 신분상 정결법을 지킬 수 있는 형편이 못 되었다. 율법을 준수할 수 없었던 대다수의 사람들은, 믿음이 부족해서가 아니라 하루하루 사는 것이 힘들어서 율법을 지킬 수 없었다. 그런데도 그들은 율법을 준수하지 못하는 불결한 자로 규정되었고, 하나님의 백성 밖에 있는 존재가 되었다. 요즈음의 표현을 빌리자면, 철저한 아웃사이더였다. 사람이되 사람 취급을 받지 못하고, 하나님의 백성이되 하나님의 백성이라는 자긍심을 가질 수 없는 사람들이었다. 그들은 이른바 '죄인'이었다. 복음서에는 죄인이라는 말이 많이 나오고 또 죄인으로 불리는 사람들이 많이 등장하는데, 이 말은 사회학적 개념으로 이해해야 한다.

1세기에 정결법을 강조한 흐름은 바리새인이라고 하는 유대 종파에서 비롯했다. 바리새인들은 대략 기원전 2세기경에 형성되었다. 이들은 유대 사회에서 주도권을 쥐고 있던 제사장 무리의 부패에 반기를 들고 일어났다. 바리새인들이 그들의 정체성을 위해서 강조한 것이 바로 정결법이다. 그들은 제사장들이 성전 안에서 지키던 정결법을 성전 밖으로 끌고 나옴으로써, 자신들의 거룩함을 강화했다. 본디 정결법은 제사장들이 제사를 준비하는 과정에 거룩함을 유지하기 위해 필요한 것이었다. 그러므로 바리새인들이 정결법을 성전 밖으로 끌고 나온 것은 제사장에 대한 반발을 의미했다.

특히 식사와 관련된 정결법의 경우에는, 어디서 무엇을 누구와 어떻게 먹느냐는 것을 매우 중요하게 다루었다. 바리새인들은 이러한 정결법을 성전 밖에서 지킴으로써, 이것을 준수하는 자들과 그렇지 못한 자들을 분리하였다. 바리새인들은 정결법과 그 밖의 다른 율법을 지키지 못하는 사람들을 죄인으로 규정했다. 말하자면 1세기 팔레스타인에서 죄인으로 규정된 사람들은 바리새인이나 제사장 같은 지도자 무리에 속하지 못한 사람이다. 율법을 지킬 수 있었던 유대인들의 지도자 무리에 속하지 못한 대다수 사람들은 그 밖에 있음으로 해서 죄인의 범주에 들 수밖에 없었다.

이 만들어진 죄인은 하나님의 피조물, 하나님의 백성으로 인정받지 못했다. 그들은 존재하지만 존재하지 않는 것, 더욱이 존재하는 것을 더럽힐 수 있는 악한 것으로까지 취급받았다. 예수가 나선 것은 이 때문이다. 다른 사람의 불결을 규정하는 자들에게 예수는 기준이 무엇이냐고 따진다. 정결함을 주장하는 자들에게 예수는 그들이 얼마나 불결한지를 폭로한다. 자신의 거룩함을 보여주고 싶어 안달이 난 자들에게 예수는 그들의 위선의 깊이를 드러낸다. 자신과 남을 구별하고 그것을 차별의 기준으로 삼는 자들에게 예수는 그들이 다른 이들보다 얼마나 모자란지 알려준다. 참으로 친절하게.

예수는 또다른 이들에게, 사람 취급을 받지 못했던 사람들에게 말한다. 당신들 역시 하나님의 피조물이고, 하나님 밖에 있지 않다고. 죄인이라고 무시당하던 자들에게 예수는 말한다. 하나님 앞에서 의롭다고 인정받을 것이고, 더 이상 죄인이 아니라고. 예수는 말한다. 사람이 아닌 사람은 없다. 다른 사람을 죄인으로 규정할 수 있는 사람도 없다. 그렇게 말하는 당신 자신이나 잘하라. 바리새인들과 제사장을 반박하는 예수의 말은 충분히 설득력이 있다.

(2) 마지막 전쟁

예수는 늘 바리새인과 제사장들과 싸웠다. 그래서 복음서는 예수와 유대인들이 벌이는 논쟁으로 가득 차 있다. 싸움 구경 좋아하는 사람이라면, 꼭 《신약성서》를 읽어볼 일이다. 사람 사는 데 왜 이리 문제도 많고 탈도 많은지 곰곰이 살펴 볼 수 있을 것이다. 예수의 이야기가 잔잔하고 낭만적으로 진행될 것이라고 생각한다면 오산이다. 예수는 싸우다 죽은 사람이다. 예수와 유대인의 논쟁은 늘 율법 때문에 일어났 다. 유대인들은 예수와 제자들의 행위나 말에 시시콜콜 토를 달며 그것이 얼마나 율법에서 벗어난 일인지를 지적한다. 성 서에 나타나는 예수는 늘 율법을 어기려는 자이며, 유대인들 은 늘 율법을 준수하려는 자이다. 〈마가복음〉 2장 23∼28절 에 나오는 다음의 이야기도 그렇다.

안식일에 예수께서 밀밭 사이로 지나가실 새 그 제자들이 길 을 열며 이삭을 자르니 바리새인들이 예수에게 말하되 보시 오 저희가 어찌하여 안식일에 하지 못할 일을 하나이까. 예수 께서 가라사대 다윗이 자기와 함께한 자들이 핍절되어 시장 할 때에 한 일을 읽어보지 못했느냐. 그가 아비아달 제사장 때 에 하나님의 전에 들어가서 제사장 외에는 먹지 못하는 진설 병을 먹고 함께한 자들에게도 주지 않았느냐. 또 가라사대 안 식일은 사람을 위하여 있는 것이요 사람이 안식일을 위하여 있는 것이 아니니 이러므로 인자는 안식일에도 주인이니라.

사건의 발단은 예수와 제자들이 안식일에 밀 이삭을 잘라 먹은 것이다. 안식일을 지키는 것은 유대인에게 중요한 율법이다. 유대인에게 안식일의 기원은 하나님의 창조와 연결된다. 6일간 세상을 창조한 하나님은 창조의 모든 일을 마치고 7일째 되는 날 안식을 취했다. 안식일은 하나님의 창조를 즐기고, 그로써 창조를 완성하는 날이라고 할 수 있다. 유대인들이 모세에게서 받은 십계명에 안식일을 지키라는 내용이 들어가 있는 것도 이 때문이다. 안식일을 지키는 것은 창조주 하나님을 인정하는 것이며, 하나님의 주권을 드러내는 것이다. 유대인들은 잡다한 여러 가지 계명을 만들어놓고 열심히, 참으로 열심히 안식일을 지켰다. 계명의 내용은 대부분 안식일에 어느 정도까지 움직이고 활동하는 것이 일의 범주에 속하지 않는지를 알리는 것이었다.

그러니 앞에 언급된 예수와 제자들의 행동은 가당치도 않은 일이다. 안식일에 밀밭을 지나갔다는 것부터가 이미 집에서 나와 꺼릴 것 없이 돌아다녔음을 암시한다. 게다가 밀 이삭을 잘라 먹기까지 했으니 안식일 따위는 이미 안중에 없다는 얘기다. 대낮에 일어난 일일 테니 사람들이 모르지 않았을 것이고, 바리새인들은 바로 예수에게 제자들의 행동을 비난하고 나선다.

바리새인들은 예수와 그의 무리가 안식일을 어기기를 은근히 기다리고 있었을지 모른다. 아주 명백하게 율법을 거스

르는 일이니 예수를 대놓고 비난할 수 있기 때문이다. 인용문 바로 뒤를 보면 유대인들이 예수를 송사하려고 예수가 안식일에 사람을 고치는지 엿보는 이야기가 나온다(〈마가복음〉 3:1~6). 예수는 안식일에도 아랑곳없이 병자를 고치고, 바리새인들은 이때를 놓치지 않고 예수와 논쟁한다. 복음서에 나오는 바리새인들의 모습은 대체로 이러하다.

그러나 유대인들이 아무리 물고늘어져도 예수는 눈 하나 까딱하지 않는다. 오히려 예수는 유대인들의 성서를 인용하며 호기 있게 그들과 대면한다. 안식일에 밀 이삭을 먹은 제자들을 옹호하기 위해서 예수가 끄집어낸 인물은 다윗이다. 다윗은 유대인들에게 매우 특별한 왕이다. 이스라엘 왕조의 기틀을 마련했을 뿐 아니라, 하나님과 이스라엘의 관계가 영원하도록 굳건히 한 인물이기 때문이다. 하나님은 그에게 다윗 왕조가 영원할 것임을 약속함으로써 이스라엘과 영원히 함께할 것을 약속했다.

예수는 그 다윗을 거론하며 제자들의 행위가 정당하다고 주장한다. 다윗은 사울 왕과 전쟁을 하던 중에 배가 고파지자 성전에 들러 제사장들만 먹을 수 있는 음식을 먹었다. 제사장의 음식을 먹었다는 것은 기본적으로 규율을 파기했음을 의미한다. 그러나 〈사무엘상〉 21장 1~7절은 다윗과 그와 함께한 자들의 거룩함을 보장함으로써 다윗이 비난받지 않는 이야기를 다룬다. 예수는 이 예를 들어 제자들의 율법 파기가 문제될 것 없다고 말한다. 다윗의 파행적 행위가 거룩함을 해치지 않고 정당화될 수 있다면, 안식일에 밀 이삭을 잘라 먹은 제자들의 행위도 위법이 아니라는 것이다.

다윗의 이야기를 인용하고 나서 예수는 이렇게 덧붙인다. "안식일은 사람을 위하여 있는 것이요 사람이 안식일을 위하여 있는 것이 아니다." 예수의 이러한 해석은 어느 때나, 어떤 곳에서나, 어느 일에서나 반드시 율법을 지켜야 한다는 폐쇄성을 거부하는 것이다. 폐쇄적인 율법 이해를 반대하는 데는 인간을 존중하는 마음이 깔려 있다. 다윗에게는 제사장만이 먹을 수 있다는 계명보다는 전쟁 중에 시장함을 느낀 지치고 고단한 인간의 필요가 앞섰던 것이다.

예수는 제자들의 경우도, 안식일에 허기를 채우는 것이 과연 하나님을 모독하는 일인지, 그것이 전혀 불가능한 일인지 묻는다. "안식일은 사람을 위하여 있는 것이요 사람이 안식일을 위하여 있는 것이 아니다"라는 말은 이를 뜻한다. 율법의 근본적인 의미는 이스라엘의 구원을 상징하는 것이었다. 그것은 본래 인간을 위해 있는 것이다. 율법을 지키기 위해 인간의 욕구를 억제하거나 무시해야 한다면, 그것은 본말이 전도된 것이다. 예수가 관심을 기울인 것은 인간이다. 예수는 율법을 반대하는 것이 아니라, 율법이 인간을 억누르는 것을 반대한다. 그로 말미암아 한없이 위선을 저지르는 인간의 위악적 태도를 반대하는 것이다.

앞에서도 언급한 바 있는 〈마태복음〉 5장 17~48절에 나오는 반대명제도 율법과 인간을 보는 예수의 견해를 그대로 드러낸다. 예수는 자신이 율법을 폐하러 온 것이 아님을 분명히 한다. 예수의 말과 행위는 율법을 완성하려는 것이다. 그러나 예수의 방법은 유대인들과 다르다. 유대인들은 율법의 규례들을 세세히 나누고 그것을 문자 그대로 지킴으로써 율법을 완성하려고 했다. 그러나 예수는 그러한 방법이 오히려 율법을 파괴하고 있다고 보았다. 유대인들의 율법 이해는 인간과 하나님의 관계를 왜곡하는 수단으로 사용되었기 때문이다. 인간이 인간답게 살 수 있도록 베푼 율법이 오히려 인간을 억압하는 기제로 전락한 것이다.

그래서 예수는 새로운 율법 해석을 내놓는다. 옛 사람은 살인하지 말라고 했으나 예수는 말한다. 형제를 미워하는 자마다 살인하는 자라고. 옛 사람은 간음하지 말라고 했으나 예수는 말한다. 여자를 보고 음욕을 품는 자마다 간음하는 자라고. 옛 사람은 아내를 버리거든 이혼증서를 써주라고 했으나 예수는 말한다. 음행한 연고 없이 아내를 버리지 말라고. 옛 사람은 헛맹세를 하지 말라고 했으나 예수는 말한다. 전혀 맹세하지 말라고. 옛 사람은 눈에는 눈, 이에는 이라고 말했으나 예수는 말한다. 오른편을 치면 왼편을 내고 속옷을 달라면 겉옷까지 주며 오리를 가자면 십리를 가라고. 옛 사람은 이웃을 사랑하고 원수를 미워하라고 했으나 예수는 말한다. 원수를 사랑하라고. 그리고 이 새로운 해석만이 율법을 완성할 수 있다고 말한다.

예수는 유대인들이 가지고 있던 율법을 해석하고 그 해석대로 실천했다. 그렇게 하여 율법을 완성했으며, 그 완성을 통해서 유대인의 율법시대를 옛 시대로 선포하고 새로운 시대를 열었다. 예수가 가져온 새로움은 특별한 것이 아니다. 예수는 아무도 모르는 깜짝 이벤트를 벌이지 않았다. 예수는 유대인들이 다 아는 이야기를 한다. 그들의 성서를 이야기한다. 다만 그들과 다른 방법으로 해석함으로써 늘 있던 것을 새로운 것으로 만들어놓는다. 해석을 통해서 죽은 것을 살려놓는다.

예수는 칼을 들지 않고도 옛 사회의 모순을 수술한다. 옛 질서 속에서 죽어갔던 것들이 무엇인지를 밝혀낸다. 그리고 그들에게 새로운 생명을 부여한다. 그래서 예수는 죽은 자를 살리는 자다. 예수가 살려낸 것은 바로 인간이다. 그는 소외된 인간, 억압받는 인간, 하나님 밖에 있던 인간을 하나님의 자녀라고 말한다. 그들이 하나님 나라를 소유할 수 있고, 누구도 하나님 밖에 있지 않다고 말한다. 이 모든 것은 옛 사람의 말씀을 예수가 새롭게 해석한 데서 연유한다.

율법에 대한 예수의 새로운 해석에는 인간에 대한 사랑이 있다. 인간은 더 이상 미움의 대상이 되어서는 안 된다. 인간은 더 이상 성적 욕망의 대상으로 전락해서도 안 된다. 남자가 여자의 부속품이 아닌 것처럼, 여자도 남자의 부속품일 수 없다. 어떤 인간도 절대적인 어떤 것을 맹세할 능력은 없다. 인간은 서로에게 복수하며 서로를 상처내는 것을 승리로 여겨서는 안 된다. 인간은 그저 사랑을 나눌 수 있을 뿐이다. 인간이 인간일 수 있는 것은 서로 감싸줄 수 있을 때뿐이다. 네 편과 내 편을 나누어서 해결할 수 있는 것은 아무것도 없다. 피해자뿐 아니라 가해자도 희생자일 뿐이다. 다른 이의 슬픔 위에 얹은 나의 행복은 한없이 씁쓸한 것이다.

예수가 옛 사람들과 다른 것은 율법을 통해서 바로 이러한 의미들을 찾아내기 때문이다. 바리새인들은 자신들이 율법을 제대로 지키고 있으며, 자신들만이 거룩한 하나님의 백성이라고 생각했다. 그러나 예수는 말한다. 누구든지 바리새인들보다는 나아야 한다고. 형식은 최소한의 것일 뿐, 문제는 내용이다. 그 형식 속에 무엇이 있는지가 중요하다. 예수는 율법 속에 인간을 담는다. 그리고 그 인간을 통해서 하나님의 창조성을 드러낸다. 인간이 귀한 것은 어느 누구도 하나님의 창조 밖에 있지 않기 때문이다.

다시 〈마가복음〉으로 돌아가자. 예수는 다윗의 이야기를 하면서 마지막으로 다음과 같은 해석을 덧붙인다. "이러므로 인자는 안식일에도 주인이니라." 인자라는 말은 '사람의 아들'이라는 뜻이다. 이 말은 본디 사람을 의미하는 보통명사였으나 예수에게 와서 하나의 호칭이 되었다.[33] 그러므로 복음서에 나오는 인자는 단순히 사람으로 이해할 수도 있고 예수로 이해할 수도 있다.

사람으로 해석하면 "안식일은 사람을 위해 있는 것이요 사람이 안식일을 위해 있는 것이 아니다"라는 말이 더욱 강조된다. 사람이 율법에 속하는 것이 아니라 율법이 사람에게 속한다. 사람 위에 율법이 있는 것이 아니라 사람이 율법 위에 있다. 그러므로 안식일에 밀 이삭을 잘라 먹은 것은 사람을 중심에 놓는 새로운 율법 해석을 드러내는 행위다. 한편 인자를 예수를 가리키는 말로 이해한다면, 그것은 안식일 파기의 당위성을 제공한다. 예수가 자신을 다윗과 비견할 수 있는 것은 예수가 인자, 즉 하나님이 보낸 자이기 때문이다. 제사장의 진설병을 먹는 일이 거룩함을 보증할 수 있는 다윗의 권세 아래 가능했다면, 예수의 안식일 파기는 하나님이 보낸 자로서 누리는 권위와 거룩함을 드러낸다.

예수는 자신의 행동으로 옛 시대를 종언하고 새로운 시대를 선포한다. 예수의 행위는 그 이전의 사람들의 행위와 다르다. 예수는 하나님의 피조물인 사람을 중심으로 가져오며, 자신이 그러한 새로운 해석을 할 수 있는 존재임을 드러낸다. 아무런 거리낌없이. 예수가 죽어가면서까지 싸운 것은, 예수가 적대자들에게 죽을 수밖에 없었던 것은, 사람을 위하는 사랑 때문이다. 자신들 외의 다른 이들을 율법 밖으로, 제도 밖으로 밀어낸 유대 지도자들에 맞서, 예수는 사람을 살려낸다. 예수가 싸운 이유, 예수가 죽은 이유는 분명하다. 사람을 중심에 두는 것, 사람을 사랑하는 것이다. 칸트식으로 이야기하면, 사람을 수단이 아니라 목적으로 대한 것이다.

2. 사랑을 아는 너는 눈부시다 — 새 질서의 회복

(1) 참회

예수를 믿는다는 것은 예수의 사랑 속에 들어가는 것이다. 예수의 사랑 속에 들어가는 것은 인간으로서 자긍심을 느끼는 것이다. 그 자긍심을 통해서 잃었던 인간성을 회복하는 것이다. 그리고 자신의 인간성을 회복함으로써, 타인의 소중함을 깨닫는 것이다. 그래서 예수가 회복한 생명은 우리로 하여금 하나님을 느끼게 할 뿐 아니라 인간을 느끼게 한다. 결국 예수의 구원이란 하나님과 인간의 관계를 회복하고 인간과 인간의 관계를 회복하는 것이다. 구원은 관계의 회복이다. 〈누가복음〉 18장 9~14절은 다음과 같은 비교를 통해서 예수의 구원을 이야기한다.

또 자기를 의롭다고 믿고 다른 삶을 멸시하는 자들에게 이 비유로 말씀하시되 두 사람이 기도하러 성전에 올라가니 하나는 바리새인이요 하나는 세리라. 바리새인은 서서 따로 기도

하여 가로되 하나님이여 나는 다른 사람들 곧 토색, 불의, 간음하는 자들과 같지 아니하고 이 세리와도 같지 아니함을 감사하나이다. 나는 이레에 두 번씩 기도하고 또 소득의 십일조를 드리나이다 하고, 세리는 멀리 서서 감히 눈을 들어 하늘을 우러러보지도 못하고 다만 가슴을 치며 가로되 하나님이여 불쌍히 여기옵소서 나는 죄인이로소이다 했느니라. 내가 너희에게 이르노니 이 사람이 저보다 의롭다 하심을 받고 집에 내려갔느니라. 무릇 자기를 높이는 자는 낮아지고 자기를 낮추는 자는 높아지리라 하시니라.

이 구절은 바리새인과 세리의 기도를 통해 성서에서 대조되는 두 유형의 인물을 소개한다. 그리고 자신은 어느 편에 속하는지 스스로 묻게 한다. 여기 나오는 바리새인은 성서에 나오는 전형적인 모습 그대로다. 바리새인은 자신들이 율법을 제대로 지키고 있다는 것을 매우 자랑스러워했다. 이 자부심은 율법을 제대로 지키지 못하는 사람을 멸시하는 것으로 이어졌다. 율법을 지키지 못하는 죄인이 있는 반면, 자신들은 철저하게 율법을 지킨다는 생각이 늘 그들을 뿌듯하게 했다. 그래서 그들은 성전에서 기도할 때도 죄인들과 섞이지 않도록 '따로' 기도한다.

바리새인들의 이러한 태도는 바리새인이라는 말이 '분리'라는 말에서 나온 것과도 일치한다. 그들은 늘 남과 자신을 구분하고, 그 구분을 다른 이들을 차별하는 근거로 사용했다. 복음서에 나타난 바리새인의 기도 내용은 바로 이러한 태도를 보여준다. 그는 다른 사람과 같이 불의를 행하지 않은 것, 세리와 같지 않은 것에 감사한다. 그리고 이어서 남보다 더 많이 드리는 기도와 율법에 맞는 헌금도 잊지 않고 강조한다. 바리새인의 기도를 보면, 사실 그들은 별로 흠 잡을 것이 없는 사람인 것도 같다. 바른 행동을 하고 율법을 지키는 사람이니 말이다. 그러나 예수는 그들을 의로운 사람이라고 말하지 않는다.

반면 세리는 바리새인과 전혀 다르게 기도한다. 우리는 세리의 기도를 통해서 그가 무엇을 했는지 알 수 없다. 바리새인과 달리 그는 자신의 행동 목록을 이야기하지 않는다. 다만 그는 자신이 죄인임을 탄식하고 하나님에게 자비를 구할 뿐이다. 세리라는 직업으로 보아 그가 남보다 더 많은 불의를 저질렀을 것이라고 추측할 수는 있다. 그러나 그것은 추측일 뿐, 그가 어떤 죄를 지었는지는 알 수 없다. 이것이 바리새인의 기도와 세리의 기도가 다른 점이다.

바리새인의 기도에서는 그가 자신을 의롭게 여기는 근거를 알 수 있다. 그러나 세리의 기도에서는 왜 그가 자신을 죄인이라고 고백하는지 알 수 없다. 그는 자신의 어떠한 행위도 들먹이지 않는다. 세리가 바리새인보다 더 많은 불의를 행했다거나 더 큰 죄인이라고 단정할 수는 없다. 여기에 죄인이라는 그의 고백을 새롭게 이해해야 할 필요가 있다. '죄인'이라는 말은 낯선 것은 아니지만, 고백의 형태로 나타날 때는 새로운 의미를 지닌다. 바리새인은 늘 다른 이들을 죄인으로 규정할 뿐 자신을 죄인이라고 고백하지는 않았다. 그들의 세계에서 자신은 늘 의롭고 문제는 늘 다른 사람에게서 일어났다.

성서는 인간을 죄인이라고 말한다. 기독교의 인간관은 이 죄인이라는 말에서 출발한다고 해도 과언이 아니다. 그래서 멀쩡한 자신을 죄인이라고 몰아붙이는 바람에 교회에 다니기 싫다는 사람도 있다. 그러나 성서에서 말하는 죄인은 사회적인 의미로 규정된 죄인과는 다르다. 예수가 바리새인이나 제사장들이 죄인이라고 부르는 세리나 장애인이나 가난한 자와 어울린 것을 보아도 이 점을 알 수 있다. 예수는 그들이 죄인이 아니며 하나님의 자녀들임을 선포한다.

성서에서 말하는 죄인이라는 개념은 존재론적인 의미의 죄인이다. 행위로 인해 죄인이 된다는 의미가 아니라 인간 존재의 죄 됨을 이야기하는 것이다. 인간 존재의 죄 됨이란 무슨 뜻인가? 이것은 하나님과 인간의 관계 속에서 이해할 수 있다. 성서에서 인간은 타락 후에 하나님과 관계를 끊은 존재로 나타난다. 이렇듯 하나님과 맺은 관계가 파괴된 존재를 죄인이라고 한다. 하나님과 인간의 관계가 파괴되는 근본적인 원인은 인간이 그의 피조성을 인정하지 않는 데 있다. 인간은 끊임없이 하나님과 같은 존재가 되려 하고 하나님 앞에서 피조성을 벗어나려고 한다. 성서는 이를 죄로 규정한다.34 인간이 죄인이라는 것은 자신의 피조성을 부인하고 있음을 의미한다. 그러므로 인간이 자신을 죄인으로 고백하는 것은 자신의 피조성을 인정하고 하나님에게 의존하는 행위다.

이것이 고백과 사회적 규정의 차이다. 바리새인이 다른 인간을 죄인으로 규정하는 것은 존재론적인 의미가 아니다. 율법을 따르지 못한다고 정죄하는 것일 뿐이다. 성서는 이처럼 타인을 정죄하는 것을 좋게 보지 않는다. 반면 성서에서 요구하는 인간 이해의 출발점은 존재론적인 의미에서 죄인임을 자각하는 것이다. 성서는 인간 스스로 피조성을 인정하고 하나님의 주권에 복종할 것을 요구한다. 이로써 하나님과 인간의 관계가 회복될 수 있다고 말한다.

세리의 기도는 바로 이 점을 반영하고 있다. 세리는 행동 때문이 아니라 하나님 앞에 선 인간으로서 자신을 죄인으로 발견한다. 자신은 어쩔 수 없는 피조물이고 창조주 하나님의 은혜가 필요한 존재임을 고백한다. 이 고백은 역설적이게도 그가 바리새인보다 의로운 자임을 드러내준다. 자신의 행위가 아니라 하나님의 은혜와 주권에 의존하는 자만이 본연의 인간성을 회복할 수 있다고, 의롭게 여김을 받을 수 있다고 성서는 말한다. 우리는 다른 사람에게 "너는 죄인이다"라고 말할 수 없다. 다만 "나는 죄인입니다"라고 고백할 수 있을 뿐이다. 나의 죄 됨을 고백한 사람만이 다른 이도 역시 하나님의 은혜 안에 있는 존재임을, 하나님의 백성임을 알 수 있다.

〈마태복음〉 18장 21~35절은 성서에서 요구하는 새로운 인간의 모습을 잘 보여준다.

이러므로 천국은 그 종들과 회계하려 하던 어떤 임금과 같으니 회계할 때에 일만 달란트 빚진 자 하나를 데려오매 갚을 것이 없는지라 주인이 명하여 그 몸과 처와 자식들과 모든 소유를 다 팔아 갚게 하라 한 그 종이 엎드리어 절하며 가로되 내게 참으소서 다 갚으리이다 하거늘, 그 종의 주인이 불쌍히 여겨 놓아 보내며 그 빚을 탕감하여 주었더니, 그 종이 나가서 제게 백 데나리온 빚진 동관 하나를 만나 붙들어 목을 잡고 가로되 빚을 갚으라 하매, 그 동관이 엎드리어 간구하여 가로되 나를 참아주소서 갚으리이다 하되 허락지 아니하고 이에 가서 저가 빚을 갚도록 옥에 가두거늘, 그 동관들이 그것을 보고 심히 민망하여 주인에게 가서 그 일을 다 고하니 이에 주인이 저를 불러다가 말하되, 악한 종아 네가 빌기에 내가 네 빚을 전부 탕감하여주었거늘 내가 너를 불쌍히 여김과 같이 너도 네 동관을 불쌍히 여김이 마땅치 아니하냐 하고 주인이 노하여 그 빚을 다 갚도록 저를 옥졸들에게 붙이니라. 너희가 각각 중심으로 형제를 용서하지 아니하면 내 천부께서도 너희에게 이와 같이 하시리라.

이 비유는 형제를 얼마나 용서해주어야 하는가에 대한 답으로 나온 것이다. 복음서는 만 달란트를 탕감받은 사람이 자신에게 백 데나리온 빚진 자를 용서해주지 않는 이야기를 통해 '용서'에 대해 말하고 있다. 여기서 드러나듯이, 형제를 용서해주어야 하는 이유는 분명하다. 자신이 어마어마한 큰 빚을 탕감받았으므로 자신에게 눈곱만큼의 빚을 진 사람을 탕감해주는 것은 당연하다는 것이다. 일만 달란트와 백 데나리온의 차이는 백 억과 백만 원 정도의 차이로 생각하면 된다.

이 빚진 자의 대조는 근본적으로 하나님과 인간, 인간과 인간의 관계를 전제로 한다. 하나님에게 빚을 탕감받은 인간은 하나님과 인간의 관계를 깨달아야 한다. 하나님이 인간에게 탕감해준 빚은 인간의 힘으로 갚을 수 있는 범위 밖에 있는 것이다. 그것을 탕감받았다는 것은 하나님의 은혜를 경험한 것이고, 곧 인간의 한계를 드러내는 것이다. 하나님 앞에서 인간은 어쩔 수 없는 피조물에 불과하다. 그 앞에서 "저는 죄인입니다. 불쌍히 여기소서"라고 고백할 수밖에 없는. 그러므로 빚의 탕감에서 중요한 것은 빚을 탕감받았다는 것이 무엇을 뜻하는지를 인식하는 것이다. 빚 탕감은 하나님과 인간의 관계를 회복시키며, 이를 통해서 인간은 하나님 앞에서 자신을 새로운 존재로 자각한다. 새로운 피조물로 하나님 앞에 나온다. 이것이 성서에서 말하는 구원받은 인간의 모습이다.

그러므로 하나님 앞에서 존재를 새롭게 인식하게 한 그 탕감은, 당연히 다른 사람을 새롭게 인식하는 것으로 이어져야 한다. 자신이 죄인임을, 피조물임을 깨달은 자는 자기 자신뿐 아니라 인간을 새롭게 이해하기 때문이다. 인간은 하나님 앞에서 모두 같다. 모두 같은 피조물이며 모두 같은 죄인이다. 따라서 서로 죄인이라고 몰아붙이는 것은 부질없는 짓이다. 부질없을 뿐 아니라 가능하지 않은 일이다. 인간은 스스로 죄인이라고 고백할 수 있을 뿐 다른 이를 죄인으로 규정할 수 없다. 다른 이를 죄인으로 규정하여 그를 하나님 밖으로 내칠 수 있는 자는 없다.

자신은 큰 빚을 탕감받았으면서 다른 이를 다그치는 것은 탕감받은 자로서 할 일이 아니다. 빚은 아예 잊어버리는 것이 좋다. 다른 이의 죄도 마찬가지다. 빚이나 다른 이의 죄를 놓고 사람을 보는 것이 아니라 하나님의 채무에서 벗어났듯이, 새로운 빛 속에서 인간관계를 형성해야 한다. 하나님과의 관계 변화는 언제나 인간과의 관계 변화를 동반하기 때문이다. 인간 관계가 변하지 않는다면 하나님과의 관계가 변하지 않는다는 의미다.

하나님의 구원을 받았다고 하면서 인간을 새롭게 이해하지 못한다면 그것은 잘못이다. 성서는 그런 구원을 말하지 않는다. 1960~70년대에는 우리 사회 어느 분야에서나 순수와 참여의 문제가 불거졌다. 문학도 종교도 예외가 아니었다. 보수주의자들은 사회 참여를 주장하는 사람들을 반대하고 매도했으며, 급진주의라는 명패를 단 사람들은 반대파를 맹렬히 공격했다. 물론 지금도 이러한 이분법적인 태도가 완전히 없어진 것은 아니다. 기독교에서는 여전히 자기만 잘 믿으면 문제될 것 없다는 생각이 난무한다.

물론 모든 것은 개인의 문제다. 그러나 이것은 자신이 모든 책임을 져야 한다는 의미이지, 자신의 문제만 해결하면 다른 사람은 어떻든 상관없다는 의미가 아니다. 성서에 나타난 분명한 관점은 개인이 전체에서 분리될 수 없다는 것이다. 성서에서 인간은 관계 속에 있는 존재이다. 인간은 늘 하나님과의 관계 속에서, 그리고 인간과의 관계 속에서 행동한다. 그러므로 인간관계가 변하지 않고 빚진 자의 멱살을 그대로 쥐고서 자신의 구원을, 자신의 탕감을 말할 수는 없다. 성서의 세계에서 하나님 앞에서 죄인이라는 고백이 중요하고 그것이 빛을 발하는 이유는, 그 빛 안에서만 인간을 새롭게 볼 수 있기 때문이다.

(2) 너 그리고 나

성서는 하나님에 대해 말하는 책이라고들 한다. 맞는 말이다. 그러나 앞에서도 말했듯이, 하나님을 객관적으로 정의하고 있는 것은 아니다. 성서에서 말하는 하나님은 늘 인간과 관계를 맺으며 행동하고 요구하는 하나님이다. 인간과 함께 혹은 인간을 향해서 활동하는 하나님을 우리는 성서에서 만난다. 성서에 나타난 하나님의 짝은 늘 인간이다. 하나님은 인간을 창조하고 인간을 구원하고 인간에게 명령한다.

그러므로 뒤집어 말하면 성서는 인간을 이야기하는 책이다. 물론 마찬가지로 인간을 객관적으로 정의하는 것은 아니다. 성서는 하나님과 관계 맺는 인간을 말할 뿐이다. 인간이 어떻게 하나님과의 관계에서 벗어났으며 그래서 얼마나 무너졌으며 하나님이 그것을 어떻게 회복했는지, 회복한 인간의 삶이란 어떤 모습인지를 말한다. 성서는 하나님과의 관계 속에서 인간사를 해석한다.

하나님과 인간의 관계 회복은 인간과 인간의 관계 회복으로 이어져 새로운 인간 이해를 드러낸다. 구원은 배타적인 인간관계를 불가능하게 한다. 구원은 인간을 보는 열린 시각을 전제하기 때문이다. 예수가 바리새인들과 싸우는 것도 바로 그들의 배타성 때문이다. 〈누가복음〉 14장 12~14절은 이를 잘 보여준다.

또 자기를 청한 자에게 이르시되 네가 점심이나 저녁이나 베풀거든 벗이나 형제나 친척이나 부한 이웃을 청하지 말라. 두렵건대 그 사람이 너를 도로 청하여 네게 갚음이 될까 하라. 잔치를 배설하거든 차라리 가난한 자들과 불구자들과 저는 자들과 소경들을 청하라. 그리하면 저희가 갚을 것이 없는 고

로 네게 복이 되리니 이는 의인들의 부활 시에 네가 갚음을
받겠음이니라 하시더라.

복음서의 상황은 앞에서 언급한 바리새인들의 정결법 준
수와 관련된 것이다. 예수의 명령은 단순히 가난한 자와 음
식을 함께 먹으라는 데 그치는 것이 아니다. 바리새인들은
정결법을 지키기 위해서 같은 무리에 있는 사람들과만 식탁
을 나누었다. 그래야 자신들의 거룩함에 손상이 가지 않는다
고 생각했다. 같은 무리에 속하지 않은 사람들은 정결법을
지키지 못했을 수 있고, 그런 자들과 함께 있으면 자신들의
거룩함도 훼손되기 때문이다.

바리새인의 정결법 준수는 엄격한 배타성 위에서만 가능
한 것이었다. 그들은 그들 밖의 사람과 안의 사람을 분명하
게 나눔으로써 정체성을 유지했다. 그러나 예수는 바리새인
들에게 배타성을 집어 던지라고 이야기한다. 그들과 같은 무
리에 있는 사람들, 그들이 안전하다고 생각하는 사람들, 그
들이 거룩하다고 생각하는 사람들과만 교제할 것이 아니라,
그들 밖의 사람들에게도 삶을 개방하라고 명령한다.

위에서 살펴본 〈마태복음〉에서도 예수는 자기들끼리만 좋
아하는 것은 누구나 할 수 있는 일이라고 말한다. 누구나 할
수 있는 일로 거룩함을 보장받고 정체성을 드러내려 하는 것
은 이치에 어긋나는 일이다. 거룩한 사람이 되려면, 하나님

의 백성이 되기 위해서는 남들이 할 수 없는 일을 해야 한다. 예수가 요구하는 남들이 할 수 없는 일이란 자신을 남에게 개방하는 것이다. 안과 밖의 구분을 없애고 밖의 사람을 안의 사람과 같이 대하는 것이다. 식탁에 가난한 자들이나 불구자들을 초대하라는 것은 이렇듯 정결법의 파기를 암시한다. 정결법을 핑계로 그들을 밖의 사람으로 남겨두지 말라는 얘기다. 그들은 더 이상 불결한 사람이 아니다.

식탁을 개방하는 것은 예수에게 구원의 상징이다. 예수의 식탁에서 사람들 사이에 존재하는 모든 차별은 사라진다. 예수의 구원에서 배제되는 사람이 없듯이 예수의 식탁에서도 배제되는 사람은 없다. 모든 사람이 예수의 식탁에 초대된다. 예수는 사회에서 버림받은 사람, 보잘것없는 사람, 불결한 사람들을 식탁으로 부른다. 그래도 그의 식탁은 더럽혀지지 않는다. 정결법을 지키지 않아도 예수는 거룩하다. 성서는 계속해서 말한다. 율법이 문제가 아니라고, 사람에 대한 사랑이 우선한다고.

예수는 모든 사람을 성적, 사회적, 경제적 차별에서 해방하며 그들 하나하나를 인간으로 돌려놓는다. 인간 사이에 놓였던 모든 장벽을 허물고 인간과 인간을 만나게 한다. 그러므로 예수 안에서 폐쇄성은 가능하지 않다. 배타와 폐쇄, 가름과 닫음은 이미 그가 예수 밖에 있음을 드러낸다. 예수의 구원의 특징은 바로 개방성이다. 예수는 모든 이를 향해 자신을 엶으로써 모든 이들이 서로를 향해 서로를 열게 한다. 이러한 예수의 힘은 우리에게 철저한 개방성을 요구한다. 〈마가복음〉 3장 31~35절을 보자.

때에 예수의 모친과 동생들이 와서 밖에 서서 사람들을 보내어 예수를 부르니 무리가 예수를 둘러앉았다가 여짜오되 보소서 당신의 모친과 동생들과 누이들이 밖에서 찾나이다. 대답하시되 누가 내 모친이며 동생들이냐 하시고 둘러앉은 자들을 둘러보시며 가라사대 내 모친과 내 동생들을 보라 누구든지 하나님의 뜻대로 하는 자는 내 형제요 자매요 모친이니라.

또 〈마가복음〉 10장 29~31절은 다음과 같이 말한다.

예수께서 가라사대 내가 진실로 너희에게 이르노니 나와 복음을 위하여 집이나 형제나 자매나 어미나 아비나 자식이나 전토를 버린 자는 금세에 있어 집과 형제와 자매와 모친과 자식과 전토를 백 배나 받되 핍박을 겸하여 받고 내세에 영생을 받지 못할 자가 없느니라. 그러나 먼저 된 자로서 나중 되고 나중 된 자로서 먼저 될 자가 많으니라.

이 인용문은 예수를 반인륜적인 인물로 만든다. 늘 사랑을 이야기하는 예수가 가정을 파괴하는 듯한 말을 한다고 놀라는 사람도 있을 것이다. 그러나 이 이야기는 다양한 관점에서 해석할 수 있고, 그 해석에 따라 성서에 나오는 예수의 다양한 특징이 드러난다. 여기에 언급된 〈마가복음〉 외에도 성서에는 이와 비슷한 말씀들이 나온다(〈누가복음〉 12 : 49~53). 가정 파괴를 뜻하는 것으로 보이는 이러한 말씀들은 개방성이라는 예수의 일반적 특징과 연결해서 해석될 수 있다.

앞의 두 인용문은 모두 기존의 가정질서를 해체하는 데서 출발한다. 예수는 자신의 어머니와 누이를 부인하고, 제자들에게도 예수와 그의 복음을 위해서 가정을 버리라고 말한다. 천륜이라는 혈연 관계의 해체를 주장하는 것이다. 물론 이러한 이야기는 〈마가복음〉이 씌어진 당시의 상황, 가정을 버릴 수밖에 없는 절박한 상황을 배경으로 하고 있다. 〈마가복음〉이 씌어진 기원후 70년을 전후한 시기는 66~70년의 유대전쟁으로 말미암아 사회적 불안과 혼란이 심한 때였다. 〈마가복음〉은 이러한 정황을 반영하고 있다.

그러나 복음서에서 강조하는 것은 사회적 정황에 따른 불가피한 가정 파괴가 아니라, 각자의 결단에 따른 자의적 해체다. 예수는 제자들에게 그와 복음을 위해서 집이나 전토 같은 유형의 재물뿐 아니라, 형제와 자매와 어머니와 아버지와 심지어 자식까지 버리라고 말한다. 여기서 재물을 버리라는 말씀은 새로운 것이 아니다. 예수를 찾아온 사람들은 재물을 버리라는 충고를 종종 듣는다. 사람의 마음은 재물이 있는 곳에서 벗어나지 못하기 때문이다. 재물은 이 땅에서 그의 현재적 위치를 가늠해주는 것으로 재물과 하나님에 대한 의존도는 반비례한다. 성서에서 재물이 있는 자는 하나님보다 재물에 더 의존하는 자로 나온다(〈누가복음〉 12 : 13~21 ;〈마가복음〉 10 : 23~25). 그러므로 재물을 버리는 것은 하나님에게 전폭적으로 의지하고 믿음을 보이는 일이다.

그러나 예수는 재물을 버리는 것에 만족하지 않는다. 여기에 더하여 믿는 자는 모든 혈연 관계까지 버려야 한다.[35] 혈연을 부정하는 것은 극한 상황에서나 가능한 예외적인 일로 취급되기도 한다. 그러나 복음서는 믿는 자에게 일어날 수 있는 드문 상황을 이야기하는 것이 아니라, 믿는 자의 일반적인 삶을 이야기한다. 그렇다고 해서 믿는 자는 모두 가정을 뛰쳐나가야 한다고 말하는 것이 아니다. 부모도 자식도 다 버리고 엉망으로 살라는 얘기가 아니다. 여기서 거부하는 것은 가정 혹은 혈연관계가 내포하고 있는 어떤 정황들이다.

오늘날에도 여전히 그렇지만 근대 이전에 가정이란 인간이 사회생활을 할 수 있는 가장 근본적이고 절대적인 울타리였다. 당시는 개인은 없고 가정, 즉 가문이 개인을 대신하던 때였다. 사람들은 가문의 명예를 위해서 죽기도 하고 살기도 했다. 로미오와 줄리엣의 비극이 괜히 나온 것이 아니다. 원수지간의 남녀가 가문을 넘어 사랑한다는 것은 있을 수 없는 일이었다. 사랑이 국경을 넘고 가문을 넘고 나이를 넘는 것, 그것이 아마도 근대의 상징일 것이다. 모든 벽을 넘어선 사랑 속에 개인이 있기 때문이다.

예수 시대도 마찬가지였다. 혈연 관계는 그 안의 사람과 밖의 사람을 나누는 가장 분명하고 중요한 수단이었다. 그리고 그 구분은 가장 기본적인 배타성의 보루였다. 가문을 위해서, 형제와 자매와 어미와 아비와 자식을 위해서 모든 일을 할 수 있다는 것은 가문 밖의 사람들에게는 때로 혹독한 결과를 가져올 수도 있기 때문이다. 자신에게 좋은 것이 남들에게도 늘 좋은 것은 아닐뿐더러, 자신의 안락함과 풍요는 다른 이들의 희생 위에 세워진 것일 수 있다. 가정에서 보이는 배타적 이기가 다른 이들에 대한 불의로 이어짐으로써 혈연주의는 불평등의 가장 근본적인 토대를 이룬다.

예수가 가정의 해체를 언급하는 것은 이 때문이다. 부모와 자식을 몰라보는 철면피가 되라는 얘기가 아니다. 관계 자체의 파기를 말하려는 것이 아니라 그 관계에서 발생할 수 있는 불평등과 불의를 비판하는 것이다. 그래서 혈연 관계를 파기한 예수는 대안으로 새로운 가족 개념을 내놓는다. 예수는 새로운 어머니와 아버지, 형제와 누이, 자식을 말한다. 믿는 이들의 공동체를 새로운 가족으로 바라봄으로써, 혈연에 집착하지 않는 개방된 가족의 모습을 제시하는 것이다. 나와 피를 나눈 가족만을 위하고 그 밖에 있는 사람들에게 눈감는 것, 예수는 이것이 얼마나 많은 불의를 만들어내는지 꿰뚫는다. 이것은 구원받은 사람들이 할 일이 아니다. 예수를 믿는다는 것은 내가 쳐놓은 안과 밖의 모든 울타리를 허무는 것이다. 그 안에 있는 가족의 폐쇄성까지 넘어서서 나를 열어젖히는 것이다. 이것을 실천할 때 모든 불평등과 불의를 넘어설 수 있다.[36]

3. 함께 있어서 좋은 사람 ─ 믿는다는 것 그리고 살아간다는 것

(1) 실패에도 불구하고

예수가 가져온 새로운 질서는 새로운 관계의 형성이다. 그러나 하나님과 인간과 새로운 관계를 맺는 일은 결코 쉬운 일이 아니다. 우리는 늘 옛것에 익숙하기 때문이다. 옛 관계대로, 옛 이해대로, 옛 질서대로 살아가는 것이 더 쉽고 편하다. 일종의 관성의 법칙이기도 하지만, 근본적으로는 새로운 관계를 제대로 이해하지 못한 데서 비롯한다. 또 개인의 힘으로 어쩔 수 없는 사회 구조 때문이기도 하다. 개인들이 저마다 안고 있는 갖가지 이유가 새로운 관계와 삶을 어렵게 한다.

여기에서는 예수를 만난 사람들이 어떻게 새로운 질서에

적용하는지 살펴보려 한다. 《신약성서》에는 많은 사람들이 나온다. 특히 복음서는 예수와 그가 만난 사람들을 다루는데, 그 중 대표적인 사람들이 이른바 열두 제자다. 복음서는 예수와 열두 제자를 중심으로 그들이 만난 사람 혹은 사건을 이야기한다. 예수의 열두 제자들은 예수가 공생애를 시작할 때부터 그와 함께했던 사람들이다. 그러므로 예수의 제자라는 자리는 초기 기독교 공동체에서 그들의 위상을 크게 높여주었다.

예수와 함께 있었다면 예수를 잘 이해했을 것이라고 우리는 생각한다. 그러나 복음서를 들여다보면, 제자들의 모습은 종종 우리의 기대를 벗어난다. 물론 네 복음서가 예수의 서로 다른 모습을 강조하는 것처럼 제자들을 바라보는 눈도 저마다 다르다. 예수를 보는 시각에 따라 제자들의 모습도 다르게 나타나는 것이다.

복음서 기자들은 그들이 예수에게서 드러내고 싶은 강조점에 제자들이 어떻게 반응했는지 혹은 예수에게 제자들이 어떤 역할을 했는지 이야기한다. 〈마가복음〉과 〈요한복음〉은 제자들의 모습을 매우 부정적으로 그리는 반면, 〈마태복음〉과 〈누가복음〉은 매우 긍정적으로 표현한다. 다른 복음서에 나왔던 제자들의 부정적인 모습이 〈마태복음〉이나 〈누가복음〉에는 많이 드러나지 않는다. 〈마태복음〉이나 〈누가복음〉에 나타난 제자들의 모습은 공동체의 지도자로서 손색이 없다. 반면 〈마가복음〉이나 〈요한복음〉에서는 부정적인 모습을 상대적으로 강조함으로써 지도자의 면모가 약해진다.

널리 알려진 베드로의 모습이 어떻게 나타나고 있는지 한번 살펴보자. 〈요한복음〉을 제외한 다른 세 개의 복음서에서 베드로는 예수의 첫째 제자다.[37] 첫째라는 위치는 그를 예수의 수제자로 만들었고, 베드로는 제자들을 대표하는 존재가 된다. 그래서 베드로의 모습을 보면 제자들 전체의 시각을 알 수 있다.

베드로의 행동 가운데 가장 잘 알려진 것이 닭이 울기 전에 예수를 세 번 부인한 것이다. 그는 가장 중요한 때에 결정적으로 예수를 부인했다. 예수의 수난이 막바지로 치닫고 있던 때, 예수가 대제사장에게 끌려가 심문을 당하던 그때, 처음부터 예수를 따르던 제자는 대제사장의 마당에서 고개를 저으며 저주하며 그를 모른다고 말한다. 예수와 함께한 짧지 않은 시간을 송두리째 날려버리는 슬픈 순간이다. 이 사건을 이야기하는 복음서 기자들의 태도는 조금씩 다르다. 세 번에 걸친 베드로의 부인을 이야기하는 것은 네 복음서 모두 같은데, 그 후 베드로가 보인 반응을 두고 다르게 표현한다.

〈마가복음〉 14장 72절 : 네가 세 번 나를 부인하리라 하심이 기억되어 생각하고 울었더라.

〈마태복음〉 26장 75절 : 네가 세 번 나를 부인하리라 하심이 생각나서 밖에 나가서 심히 통곡하니라.

〈누가복음〉 22장 62절 : 네가 세 번 나를 부인하리라 하심이 생각나서 밖에 나가서 심히 통곡하니라.

〈요한복음〉 18장 27절 : 이에 베드로가 또 부인하니 곧 닭이 울더라.

예수를 부인한 후 돌이키는 장면에서, 〈마태복음〉과 〈누가복음〉에 비하면 〈마가복음〉이나 〈요한복음〉은 베드로에게 인색하다. 〈요한복음〉은 통곡은커녕 〈마가복음〉과 같이 '울었다'는 표현조차 없다. 만약 우리가 〈요한복음〉만을 가지고 있었다면 베드로는 예수를 결정적으로 배반하고 눈물 한 방울 흘리지 않은 독한 인물로 각인될 것이다. 앞서 말했듯이 제자들을 바라보는 시각에 따라 이렇게 내용이 다르다.

어쨌든 정도의 차이는 있지만, 성서에 나타난 베드로는 그런 인물이다. 예수를 '그리스도이며 하나님의 아들'이라고 고백하는 깊은 믿음을 보이기도 하지만 늘 그런 것은 아니다. 그는 결정적인 순간에 예수를 모른다고 잡아떼고, 예수가 잡혀갈 때는 도망가고, 예수가 십자가에 매달릴 때는 어디 있는지 얼굴을 보이지도 않는다. 다른 제자들 역시 불완전한 존재다. 예수의 기적을 함께 보고, 예수의 말씀을 듣고, 예수와 함께 지내고, 스스로 기적을 행하기도 하고 전도여행을 다니기도 했지만, 성서에 나타난 제자들의 모습은 완전하지 않다. 그들은 믿음이 부족하다고, 마음이 둔하다고, 이전 것을 기억하지 못한다고 심심찮게 구박을 받는다. 그리고 답답할 만큼 실패를 거듭한다.

이처럼 우리가 성서에서 만나는 제자들은 영웅호걸이 아니다. 물론 제자들만 실패하는 것은 아니다. 《신약성서》뿐 아니라 《구약성서》에 나오는 그 많은 사람들이 모두 이렇듯 엉성하다. 많은 사람이 예수에게 오지만 그대로 떠난 사람들이 한둘이 아니다. 왔다가 간 사람들, 그들은 실패한 자들이다. 물론 그들의 실패에는 이유가 있다. 제자들이 실패한 모습을 많이 드러내는 〈마가복음〉과 〈요한복음〉에서 드러나듯, 실패의 원인은 예수를 믿지 못했기 때문이다.

1세기 팔레스타인에는 메시아를 기다리는 다양한 믿음이 퍼져 있었는데, 대부분 영광 중에 오는 메시아를 꿈꾸었다. 유대인들은 메시아가 와서 자신들을 고난의 삶에서 건져주기를 기대했다. 그들이 바란 메시아의 모습은 다윗처럼 능력 있는 왕이었다. 그래서 예수의 권세 있는 말씀과 병자를 고치고 귀신을 내쫓고 바람을 잔잔케 하는 놀라운 능력은 예수를 메시아로 믿게 했을지 모른다. 그러나 예수는 더 이상 나아가지 않았다. 로마를 뒤집지도 않았고, 부패한 유대인들을 쳐부수지도 않았으며, 호사스러운 즉위식을 거행하지도 않았다. 그리고 맥없이 말하기를, 자신은 죽기 위해서 이 땅에 왔노라고 한다.

하나님이 보낸 자로 자처하면서 죽어야 한다는 이 사람을 믿기란 쉽지 않았을 것이다. 그를 믿고 모든 것을 버리는 일은 간단한 문제가 아니다. 성서에 나오는 많은 사람들이 초월적 능력을 가진 예수가 무력하게 수난을 당하는 데서 벽에 부딪쳤다. 그래서 베드로는 잡혀가는 예수를 외면하고, 그를 부인하고, 십자가를 떠난다. 이것이 실패다. 성서에서 성공과 실패의 잣대는 세속적인 성취가 아니라 믿음이다. 성서에 나오는 실패는 늘 믿음의 실패다.

성서는 더 크게 성공하지 못한 것, 더 높이 출세하지 못한 것, 더 큰 부자가 되지 못한 것을 실패라 하지 않는다. 그런 것에는 관심조차 없다. 다만 믿음의 배반을 실패라고 부른다. 그러나 오늘날 기독교인들은 실패를 외양의 성장과 연관된 것으로 여기는 것 같아 씁쓸하기 짝이 없다. 더 큰 교회를 세우지 못한 것, 더 많은 권세를 누리지 못한 것, 더 많은 돈을 모으지 못한 것을 실패로 보는 사람들이 의외로 많다. 오늘 우리는 제자들의 실패조차 따르지 못하나 보다.

그러나 믿음에 실패한 자라면 희망도 가질 것이다. 성서는 실패를 끝으로 보지 않기 때문이다. 예수는 다시 베드로를 찾아가고 그를 부른다. 사람이 없어서는 아닐 것이다. 예나 지금이나 쓸 만한 사람은 많다. 그러나 예수는 늘 실패했던 사람들을 다시 찾아가서 그들을 다시 부르고 다시 일어나게 한다. 〈마가복음〉이나 〈요한복음〉이 제자들을 부정적으로 묘사하는 것은 바로 이 점을 보여주기 위해서다. 제자들은 실패를 통해서 일어난 자들이다. 믿음은 늘 '그럼에도 불구하고' 다시 일어날 수 있는 그루터기를 제공한다.

우리는 늘 도망치는 자들이다. 믿음이 잠시 머물다가 가버린 흔적만 있을 뿐인 별 볼일 없는 자들이다. 그러므로 믿는다는 것은 늘 실패하는 것을 의미할지도 모른다. 믿음이 강한 사람도 있겠지만 잔잔한 바다는 언제 튀어나올지 모르는 거친 파도를 감추고 있는 법이다. 우아한 백조의 모습 아래 숨가쁘고 방정맞은 발놀림이 숨어 있듯이. 인간은 다 비슷하다. 그래서 예수를 세 번씩이나 부인한 베드로도 '나'일 수 있고, 다시 예수를 전한다며 그물을 버리고 일어선 베드로도 '나'일 수 있다. 성서는 끊임없이 실패하는 인간 군상을 통해서 이것을 전한다.

(2) 희망이라는 이름의

2,000년 전에 씌어진 성서가 오늘날에도 여전히 유효한 것은 그것이 나와 같은 인간의 모습을 보여주기 때문이다. 성서 속의 인물들은 우리와 별로 다를 것이 없다. 그들은 그리 대단한 존재가 아니다. 그럼에도 그들은 하나님의 전령사가 되고 예수의 일꾼이 된다. 별 볼일 없는 사람들, 하루 벌어 입에 풀칠이나 하던 사람들이 다른 이에게 예수의 복음을 전하고, 그것을 위해 죽음을 감내한다. 기적 같은 일이다. 그러

나 나와 비슷한 인간이기에 딴 세상 이야기가 아니라는 믿음이 있다. 성서의 일이 우리에게도 일어날 수 있다고 믿는다. 이 믿음이 시대를 뛰어넘고 공간을 뛰어넘는 동감을 불러일으킨다. 우리가 그들과 동감할 때, 성서의 이야기는 살아서 오늘 이곳에 실현된다. 끊어진 무전기로 1979년의 여자와 교신하는 2000년대 청년 이야기는 영화이기에 가능한 것이지만, 유사하게 우리는 21세기에 1세기 성서 속 사람들을 만날 수 있다. 그들의 목소리를 들을 수 있다.

성서에서 내가 듣고 싶은 목소리는 그들이 어떻게 무엇으로 계속해서 일어날 수 있었는가 하는 것이다. 여러 소리들이 웅성거린다. 그들을 일으킨 힘은 이것 혹은 저것이라고. 그 가운데 내 귀를 사로잡는 것은 '부활'을 말하는 목소리다. 사실 부활은 왠지 진부한 느낌을 준다. 현실성이 없어 보이기도 하고 신비하기조차 하다. 늘 이야기의 초점을 이곳에서 저곳으로 옮겨놓는 것 같아서 김이 빠지기도 한다.

그러나 말할 것도 없이 기독교에서 부활은 가장 중심에 있다고 해도 과언이 아니다. 예수와 죽음을 뗄 수 없다면 죽음과 부활도 뗄 수 없다. 예수의 이야기는 부활로 끝나고 예수에 대한 믿음은 부활에서 시작한다. 예수 그리스도에 대한 믿음의 한가운데 부활이 있다. 그러므로 부활이 변변치 못한 인간을 일으키는 근원적인 힘이라는 얘기는 설득력 있다. 예수는 자신에게 표적을 구하는 사람에게 다음과 같이 말한다.

예수께서 대답하여 가라사대 악하고 음란한 세대가 표적을 구하나 선지나 요나의 표적밖에는 보일 표적이 없느니라. 요나가 밤낮 사흘을 큰 물고기 뱃속에 있었던 것같이 인자도 밤낮 사흘을 땅 속에 있으리라. 심판 때에 니느웨 사람들이 일어나 이 세대 사람들을 정죄하리니 이는 그들이 요나의 전도를 듣고 회개했음이어니와 요나보다 더 큰 이가 여기 있으며 심판 때에 남방 여왕이 일어나 이 세대 사람들을 정죄하리니 이는 그가 솔로몬의 지혜로운 말을 들으려고 땅 끝에서 왔음이어니와 솔로몬보다 더 큰 이가 여기 있느니라(〈마태복음〉 12 : 39~42).

예수가 내놓은 것은 요나의 표적이다. 선지자 요나는 니느웨로 가서 회개의 말씀을 전하라는 하나님의 명령을 받는다. 그러나 타락한 니느웨가 회개하는 것을 원치 않았던 요나는 다시스로 도망을 가다가 배 안에서 풍랑을 만난다. 풍랑이 요나 때문에 일어났음을 안 배 안의 사람들은 요나를 바다로 던진다. 바다에 빠진 요나는 다행히 큰 물고기의 뱃속에 들어갔는데, 물고기는 사흘 만에 요나를 토해낸다. 바다라는 죽음에서 땅이라는 생명으로 올라오는 순간이다. 다시 살게 된 요나는 니느웨로 가서 하나님의 말씀을 전하고 니느웨는 회개한다.

요나와 니느웨의 이야기는 죽음에서 생명으로 건너가는

모습을 보여준다. 예수는 자신을 요나와 비교함으로써 요나의 '다시 살아남'이 자신이 보여줄 표적이라고 말한다. 요나이야기는 예수가 죽은 지 사흘 만에 다시 살아날 것을 암시하는 징표다. 많은 병자를 고치고 귀신을 쫓아낸 예수가 보여줄 수 있는 표적으로 '다시 살아난 요나'의 이야기를 하는 것은 매우 의미 있는 일이다. 이 요나의 징표는 예수의 정체성과 연결되어 있기 때문이다.

유대인들은 기원전 2세기경부터 부활을 믿기 시작했는데, 이것은 근본적으로 묵시문학적 전망과 관련이 있다. 앞에서도 말했듯이 묵시문학적 전망은 하나님의 주권을 강조하는 것이다. 하나님의 궁극적인 승리를 믿음으로써 현재의 고난을 이기는 것이 묵시문학적 전망이다. 유대인들은 부활이 종말의 때, 즉 하나님이 궁극적으로 승리할 때 일어날 것이라고 생각했다. 부활은 곧 하나님의 승리에 대한 믿음을 보여준다.

예수는 유대인들의 이러한 믿음을 자신의 정체성과 연결한다. 자신의 죽음을 부활과 연결함으로써 예수는 하나님이 보낸 자로, 희망과 승리의 징표로 드러난다. 예수의 죽음이 헛되지 않은 것은 바로 이 때문이다. 예수는 유대인들이 생각하는 일반적인 메시아의 모습에서 벗어나 고난받는 자로 나타난다. 그러나 예수의 고난은 부활, 즉 죽음을 다시 죽이는 것으로 끝남으로써 예수는 고난에도 불구하고 하나님의 사람으로 확증된다. 부활은 하나님의 변호를 의미한다. 그러므로 예수의 부활은 고난을 겪는 모든 사람들에게 희망을 준다. 기독교인들은 예수를 믿기 때문에 그의 부활을 함께 믿고, 그의 부활로써 자신의 부활을 확증한다.

묵시문학적 전망은 역사 혹은 삶을 보는 기독교의 독특한 관점이다. 앞에서 말했듯이 묵시문학적 전망은 종말, 즉 끝에서부터 현재의 역사를 해석한다. 상징적이고 신화적인 표현을 통해서 드러나고 있지만, 성서에 나타난 묵시문학적 전망이 탈역사적인 것이 아님은 이 때문이다. 묵시문학적 전망은 역사를 바라보는 하나의 신학적 관점이다. 종말에서부터 역사를 해석한다는 것은 바로 종말에 있을 부활을 믿고 그것을 기준으로 역사를 본다는 뜻이다. 그러므로 부활은 기독교인들이 역사를 바라보고 해석하는 출발점이다. 부활은 단순히 미래적이고 피안적인 것이 아니라 현실을 가능하게 하는 힘이다. 이것이 성서에서 부활을 강조하는 까닭이다. 기독교가 묵시문학적 종말론이라는 틀을 갖는다는 것은, 기독교가 부활의 희망을 바탕으로 역사를 해석한다는 것을 의미한다.

기독교인들은 부활의 빛 안에서 현재의 삶에 의미를 부여하고 그 빛 안에서 성서의 요구에 들어맞는 삶을 살려고 노력한다. 이러한 부활의 현실성은 더 나아가 부활을 현재적인 것으로 드러나게 한다. 앞에서 말한 현재적 종말의 관점은 부활의 현재성을 강조하는 것이다. 〈요한복음〉 5장 24~29절은 부활에 대해서 다음과 같이 이야기한다.

내가 진실로 진실로 너희에게 이르노니 내 말을 듣고 또 나
보내신 이를 믿는 자는 영생을 얻었고 심판에 이르지 아니하
나니 사망에서 영생으로 옮겼느니라. 진실로 진실로 너희에
게 이르노니 죽은 자들이 하나님의 음성을 들을 때가 오나니
곧 이 때라. 듣는 자는 살아나리라. 아버지께서 자기에게 생
명이 있음같이 아들에게도 생명을 주어 그 속에 있게 하셨고
또 인자 됨을 인하여 심판하는 권세를 주셨느니라. 이를 기이
히 여기지 말라 무덤 속에 있는 자가 다 그의 음성을 들을 때
가 오나니 선한 일을 행한 자는 생명의 부활로 악한 일을 행
한 자는 심판의 부활로 나오리라.

인용문은 미래의 종말을 현재의 일로 앞당김으로써 부활
의 현재성을 강조하고 있다. 미래에 있으리라고 기대했던 심
판이 이미 일어났고 이미 영생을 얻었다. 예수로 인해서 도
래한 희망은 단지 미래의 일이 아니라 현재적인 것이다. 기
독교의 실현된 종말론은 부활과 희망을 현재적인 사건으로
가져온다. 그러므로 부활은 현재를 해석하는 틀을 제공해줄
수 있다. 고난과 실패로 가득 찬 삶이라 하더라도 부활의 빛
안에서 삶은 희망으로 빛날 수 있다.

성서에서 부활은 단순히 미래에 일어날 어떤 변화가 아니
다. 예수에 대한 믿음은 이미 우리의 삶을 부활한 자의 삶으
로 바꾸어놓는다. 예수를 믿는 이들은 이미 죽음에서 벗어났

으며 이미 영생을 얻었으며 이미 부활한 자들이다. 부활은 미래적 사건이자 현재적 변화이다. 이것은 곧 현재와 미래에 있는 우리 삶의 희망이다. 부활의 빛, 다시 살아남의 빛, 생명의 빛 속에서 성서는 그리스도 안에서 변화한 인간의 삶을 드러내준다. 부활의 소망은 인간의 생명을 확인하게 하며 또 다른 이들에게 생명을 나누어 줄 수 있는 힘이다. 성서에서 부활을 강조하는 것은 성서가 생명을 중히 여긴다는 의미다. 성서는 살아 있는 모든 생명이 곧 희망이라고 말한다.

그러므로 성서에서 강조하는 다양한 윤리적 덕목들은 종말론적인 부활의 관점 아래서만 이해할 수 있다. 인간이 모든 역경을 견디고 죽음까지도 별것 아닌 일로 여기며 자신의 삶을 나누어 줄 수 있는 것은, 부활의 빛이 있기 때문이다. 늘 자신을 향하기 마련인 인간이 성서의 사랑을 실현할 수 있는 것도 부활의 빛 안에서 가능하다. 하나님 앞에서 인간은 모두 같다는 사실을 깨달을 수 있는 것도 부활의 빛 안에서이다. 자신이 죄인임을 고백할 수 있는 것도 예수가 그리스도임을 고백할 수 있는 것도 이 빛 안에서 가능한 일이다. 부활은 생명을 주관하는 하나님의 주권을 드러내며, 악에 꺾이지 않는 생명의 소중함을 드러내기 때문이다.

부활은 죽음에서 깨어나는 것이다. 새로운 생명의 탄생이며 영원히 사는 것이다. 그것은 유한 속에서 무한을, 고난 속에서 희망을, 죽음 속에서 생명을, 인간 속에서 하나님을 볼 수 있게 한다. 부활은 유한한 우리의 삶을 변화시키고 확장한다. 나의 삶은 나만을 위한 것이 아니라 다른 이와 함께 나누어야 하는 것이라고 말한다. 나의 생명이 영원하다면 다른 이의 생명도 그러하며 나의 생명이 중하다면 다른 이의 생명도 그러하기 때문이다. 그러므로 부활 안에서 생명을 바라보는 이러한 시각은 우리의 현재 삶을 규정해준다. 성서는 부활을 통해서 우리 삶의 한가운데 생명의 소중함과 희망이 뿌리내려야 한다고 말한다.

이 절의 제목은 완전한 문장이 아니다. '희망이라는 이름의' 다음에 꾸밈을 받는 말이 와야 하지만 일부러 생략한 채 놓아두었다. 열어놓기 위해서다. 저마다 다른 삶의 모습을 어느 하나로 규정하고 싶지 않기 때문이다. 그것은 내가 할 수 있는 일이 아니다. 어떤 이는 사랑을, 다른 이는 희생이나 나눔을, 그 밖의 어떤 것이든 삶의 덕목으로 삼을 수 있다. 그 모든 것들이 희망이라는 이름의 꾸밈을 받을 수 있다. 희망이라는 이름의 사랑, 희망이라는 이름의 희생, 나눔, 인내, 온유……. 그 모든 덕목이 가능한 것은, 희망을 부르는 부활의 빛이 있기 때문이다. 《신약성서》는 바로 이 점을 이야기한다. 부활은 생명을 가져오고, 생명은 희망을 가져온다고. 그리고 이 희망은 우리의 삶을 다양한 형태로 변화시킨다고.

성서 이야기를 하다 보면 늘 인간을 이야기하게 된다. 이런 나를 인본주의 신학자라고 비난할지도 모른다. 신학은 하나님에 대한 학문인데, 그것을 인간에 대한 것으로 변질시켜 놓았다고 말이다. 그러나 나는 인본주의니 신본주의니 하는 이분법적 구분을 따르지 않는다. 신과 인간을 분리해온 폐해를 이미 역사 속에서 넘치도록 경험하지 않았는가? 신을 강조하는 사람들은 대체로 보이지 않는 신 대신에 자신의 권위를 내세우며 신의 대행자로 자처하기 일쑤다. 좀더 과격하게 말하면 종교의 역사가 이렇듯 엉망으로 진행된 데는 그들의 책임이 크다. 그래서 신 이야기를 하는 것은 늘 조심스러운 일일 수밖에 없다. 이러한 면에서 성서가 하나님만을 이야기하지 않는다는 것이 얼마나 다행인지 모른다. 성서는 하나님을 경험한 인간을 이야기하고 하나님을 우러르는 인간의 신앙 고백을 이야기한다. 성서는 분명히 하나님뿐 아니라 인간을 이야기하는 책이다. 성서에 따르면 하나님 없는 인간은 온전한 존재가 아니다. 또 인간 없는 하나님도 서글프기는 마찬가지다.

성서가 이렇듯 하나님과 인간을 이야기하고 있기 때문에 하나님의 짝인 인간에 관심을 기울였다는 것이 그리 큰 잘못은 아닐 듯싶다. 성서는 하나님의 초월성을 입증하려는 책이 아니다. 하나님의 초월성, 하나님의 주권 등은 이미 성서의 바탕에 깔려 있는 기본 전제다. 유대인들에게 창조주 하나님만큼 자명한 것은 없기 때문이다. 나 역시 이미 말한 대로 하나님의 초월성에서 내 신학을 시작한다.

그러나 문제는 초월적인 하나님이 인간과 어떤 관계를 맺고 있느냐는 것이다. 특히 《신약성서》의 논점은 유대인들만이 아니라 모든 사람이 하나님의 백성이라는 데 있다. 하나님의 백성에서 벗어난 인간은 아무도 없다는 것이다. 하나님에만 초점이 맞춰지는 것이 아니라 인간도 조명을 받는다. 그 동안 기독교인들이 성서를 통해서 하나님에게만 매달렸다면 이제 눈을 돌려 하나님의 짝인 인간을 바라보아야 한다. "공중에서 날고 있는 새의 다리는 땅을 향하고 있다." 이것은 아프리카 속담이다. 하늘을 날더라도 뿌리는 땅에 있음을 뜻하는 이 속담을 나는 빗대어 즐겨 사용한다. 성서는 하나님을 이야기하고 있지만 그 하나님은 늘 인간을 향하고 있다. 성서가 역사적 산물이라는 것은 이런 의미다.

그러므로 성서를 이해하는 것은 인간을 이해하는 것이다.

인간을 이해하는 것은 하나님을 아는 길이기도 하다. 물론 인간이 곧 하나님은 아니다. 그러나 하나님의 피조물인 인간을 바로 이해할 때 창조주인 하나님을 제대로 알 수 있는 법이다. 기독교인들도 많고 하나님을 안다는 사람, 보았다는 사람도 너무 많은 시절이다. 그럼에도 불구하고 오늘날만큼 혹은 한국 사회만큼 인간이 인간 대접을 받지 못하는 사회도 흔치 않을 듯싶다.

인간을 생명을 가진 하나님의 거룩한 피조물로 보지 않고 사회적, 경제적 신분으로 평가하는 것은 부당하다. 가진 것을 기준으로 높은 사람과 낮은 사람, 귀한 사람과 천한 사람으로 구분하는 것은 슬픈 현실이다. 각자가 처한 사회적 현실은 그가 담당해야 하는 사회적 기능을 드러낼 뿐 그것이 그의 존재를 규정할 수는 없다. 성서는 바로 이 점을 이야기한다. 인간은 모두 하나님의 피조물이라는 것, 하나님 앞에서 인간은 모두 같다는 것, 인간의 서로 다른 기능이 사회적 차별로 이어져서는 안 된다는 것. 그러므로 성서를 읽는다는 것은 바로 이러한 인간 이해를 확장하는 길이어야 한다. 성서에서 말하는 구원의 의미가 바로 이것이기 때문이다.

성서를 읽으면 인간이 보인다. 하나님이 만든 인간이 어떠한 모습으로 살아가고 있는지, 무엇을 위해서 싸우고 있는지. 그리고 성서 속의 인간을 보면 오늘 우리의 삶의 모습이 보인다. 우리의 모습은 그들과 어떻게 다른지, 우리는 어디로 가고 있는지 혹은 어디로 가야 하는지. 그래서 2,000년 전에 씌어진 성서는 여전히 오늘을 가늠하는 잣대일 수 있다.

1968년에 스탠리 큐브릭 감독은 〈2001년 스페이스 오디세이〉라는 영화를 만들었다. 2001년이 된 요즈음 이 영화에서 미래의 일로 그려졌던 것들이 대부분 현실이 되었다고 한다. 어디 이 영화뿐이랴! 공상과학만화나 영화에 나왔던 많은 것들이 더 이상 공상이 아닌 시대에 우리는 살고 있다. 만화 대본을 쓰고 시나리오를 만들고 영화를 감독했던 사람들은 어떻게 그토록 현란한 미래를 꿈꿀 수 있었을까? 미래는 현재와 분리되는 것이 아니다. 미래의 꿈은 현실을 이해하는 데서 나온다. 현실을 읽는 통찰력이 미래에 대한 이해를 확장한다. 그러므로 과거에 미래를 공상했던 사람들은 그들의 현재를 꿰뚫었던 자들이다. 그래서 미래가 어디로 갈지 가늠해보는 재미를 누릴 수 있었으리라. 오늘날에도 그런 사람들은 많다. 미래를 예측하고 그것을 준비하며 현재 속에서 미래를 사는 사람들은 오늘 우리에게 다양한 미래를 선보인다. 그들이 만들어놓은 미래는 때론 기대 속으로 때론 불안 속으로 우리를 안내한다. 그들의 꿈을 이해하기조차 힘들 때도 있지만 말이다.

현재를 읽는 통찰력이 없다면 미래의 꿈은 없다. 미래를 꿈꾸지 못한다면 현재의 삶은 무미건조해질 것이다. 현재를 볼 수 있는 눈, 미래의 꿈으로 나의 현재를 풍요롭게 할 수 있는 눈, 그것으로 나는 성서를 택했다. 나는 성서를 가지고 현재의 나의 삶, 우리의 세상을 해석하려 한다. 그럴 수 있다고 믿는 것은 성서가 바로 인간의 소중함을 이야기하고 있기 때문이다. 예수가 죽으면서까지 찾아낸 진리는 바로 생명의 소중함이다. 예수는 아무 대가 없이 자신의 목숨을 내어주면서 다른 이의 삶을 살려낸 자가 아닌가. 예수가 율법을 어긴 것은 인간을 살리기 위해서다. 예수가 유대 지도자들을 비난한 것은 그들이 인간을 소외시켰기 때문이다. 예수는 어떠한 권위도 어떠한 제도도 인간 위에 있을 수 없음을 천명한다. 또 어떠한 인간도 인간 위에 있을 수 없음을 선포한다.

20세기는 눈부신 발전의 시기였다. 인간이 만들어놓은 것들로 인해서 참으로 많은 호사를 누렸다. 그러나 그것이 모든 문제를 해결해주지는 않았다. 오히려 그만큼 많은 문제를 우리에게 떠맡겼다. 아우슈비츠, 히로시마, 체르노빌은 20세기 문명의 야만을 상징하는 우리의 상처다. 이 상징적인 지역들은 우리로 하여금 발전의 의미를 묻지 않을 수 없게 한다. 무엇을 위한 것인지 누구를 위한 것인지. 많은 사람이 엄청난 발전의 혜택을 누리는 반면, 또 많은 사람이 아무 이유 없이 발전의 그늘 밑에서 죽어간다. 그럼에도 당장 드러나는 업적을 내세워 실패나 부작용을 늘 아무것도 아닌 일로 치부한다. 이 와중에 소외되는 것은 인간이다. 힘없는 인간은 다른 인간을 위해서 희생해도 별 문제 없다고 생각한다.

20세기의 상처가 치유될 기미조차 보이지 않는데 우리는 21세기를 맞았다. 더 많은 위험과 함께 시작한 21세기여서 나는 더욱 성서에 의존할 수밖에 없다. 성서가 바로 이 문제를 다루고 있기 때문이다. 대다수의 죄인과 극소수의 의인으로 구성된 1세기 팔레스타인에서 죄인을 복원시키는 한 사람, 예수가 거기 있다. 인간을 소외시키는 것이 가장 큰 죄라고 외치면서. 그가 싸우는 모습을 보면서 나는 듣는다. 우리가 어디를 향해서 가야 하는지. 성서 속에서 내가 꺼내 놓아야 할 것이 무엇인지. 현재 우리의 모습은 어떠한지. 미래가 비관적이라면 예수의 말에 더욱 귀 기울여야 한다. 인간을 위하여 죽은 한 사람이 오늘날에도 여전히 필요하기 때문이다. 성서를 읽는 것은 성서로 세상을 보고, 거기서 현재를 사는 통찰력을 얻고, 미래를 꿈꾸기 위해서다. 빛나는 미래를 맞으려면 인간을 회복해야 한다. 하나님이 그들을 모두, 똑같이, 사랑하기 때문이다.

1   D. J. Adams, *Cross-Cultural Theology*(Atlanta : John Knox Press, 1987),
    6〜16쪽.

2   바울 서신의 일반적인 특성이나《신약성서》의 각 권에 대한 기본적
    인 지식은 뒤에 소개하는 개론서들에서 얻을 수 있다.

3   성서의 정경화 작업은 이단에 대처하는 데서 비롯했다. 기원후 144
    년을 전후해서 기독교 공동체를 탈퇴한 마르시온이 바울 서신과
    〈누가복음〉만을 가지고 경전을 만들었는데, 이러한 이단들의 작업
    에 맞서 기독교의 정체성을 드러내기 위해 정경이 필요했다. 그 후
    무라토리, 오리게네스, 유세비우스 등이 다양한 정경화 작업을 펼쳤
    다.

4   311년은 기독교사에서 중요한 전환기다. 갈레리우스 황제가 기독
    교 박해를 중단함으로써, 기독교는 로마에서 종교로 인정받을 수 있
    었다. 그 후 콘스탄티누스는 스스로 기독교인으로 자처하면서, 교회
    와 국가의 새로운 관계를 형성했다. 물론 이러한 정책들은 로마라는
    세계국가에 걸맞는 종교를 택하려는 정치적인 의도와 맞물려 있다.
    그러나 기독교가 국교가 되면서 정치적 힘을 얻기는 했지만, 오히려
    신학적인 자유는 축소되었다. 이후 모든 교리 논쟁에 국가가 개입함

으로써 신학적 논쟁은 정치적 이슈로 바뀌었다.

5   교회에 대한 박해가 완화되기 시작한 4세기부터 교회의 수가 늘어
    나면서 사제의 수도 늘어나고 공동체를 통제하는 감독들의 권한은
    끝이 없을 정도로 커졌다. 사제는 평신도와 구별되었고, 콘스탄티누
    스는 사제에게 특권과 재판권까지 부여했다. 칼 호이시, 《일그러진
    신의 얼굴》(임마누엘, 1988), 100~102쪽.

6   초기 교회는 성서를 하나님의 선물로 받아들이고 신비한 것, 진실을
    기록한 것으로 이해했다. 그러나 점차 성서의 권위는 교회와 교리,
    신조의 권위에 종속되었다. 교리가 성서보다 위에 놓이게 된 이유는
    교리와 신조를 불변하는 것으로 강조했기 때문이다. 그러므로 교부
    시대에 일어난 해석학적 논쟁들은 근본적으로 영적인 의미를 강조
    하며 교회제도에 종속되었다. D. S. Dockery, *Biblical Interpretation
    Then and New*(Michigan : Baker Book House, 1992), 155~160쪽.

7   왕과 성직자의 연합으로 교권이 점차 더 심하게 타락하자 수도원을
    중심으로 한 개혁운동이 일어나서 그들의 부패에 저항했다.

8   13세기 이후 교황의 세계 지배는 서서히 몰락의 조짐을 보였고 교
    회는 분열하여 중앙 집중력이 떨어졌다. 14세기 이탈리아에서 일어
    나 15세기에 번성한 르네상스는 고전적 옛 문화를 재생하려는 인문
    주의 운동이다. 인간 내면에 있는 것들을 살려냄으로써 전적으로 세
    속으로 전환할 것을 주장한 이 운동은 중세의 신 중심적 사고에 반
    발하여 일어났다. 그러나 르네상스 운동은 다양한 형태로 펼쳐졌기
    때문에, 전적으로 기독교를 부인했다고 할 수는 없다. 르네상스 운
    동이 루터의 종교개혁에 직접 영향을 주었는가 하는 문제도 논란이
    많다. 그러나 직접적인 관련이 없다고 하더라도, 시대의 흐름으로
    보아 루터의 종교개혁을 르네상스 개혁 운동의 맥락에서 파악할 수
    있다고 본다.

9 물론 루터가 처음으로 라틴어 성서를 자국어로 번역한 사람은 아니다. 영어 성서는 7세기경에 처음 나왔다는 주장이 있으며 그 후 여러 차례 번역되었다. 성서 번역자들은 번역을 통해서 기존의 해석에 반발함으로써 많은 탄압을 받았다. 1466~1521년에는 18종 이상의 독일어 성서가 나왔는데, 혼란이 심해지자 교회가 이를 금지했다. 로버트 브라운, 《도대체 무슨 뜻인가?》(한국신학연구소, 1994), 42~44쪽.

10 구텐베르크의 인쇄기 발명은 근대의 세 가지 패러다임이라고 할 수 있는 기독교, 자본주의, 민족국가와 모두 연결되어 있다. 기독교와의 관련은 성서 보급에 미친 영향으로, 자본주의와의 관련은 인쇄기의 조립 기능이 자본주의의 뿌리라고 할 수 있는 산업혁명에 미친 영향으로, 민족국가와의 관련은 같은 언어 사용자끼리의 연대의식 확장에 미친 영향으로 각각 평가할 수 있다. 이러한 맥락에서 인쇄기의 발명은 근대적 인간이 출현하는 데 견인차 구실을 했다고 볼 수 있다. 김정탁, 《굿바이 구텐베르크》(중앙일보, 2000), 21~26쪽.

11 14~15세기의 르네상스는 16세기 종교개혁으로 잠시 주춤했다. 그러나 이 시기에 정밀 자연과학과 역사철학적 비판학 등이 발전했고, 이것이 18세기에 계몽주의가 꽃필 수 있는 바탕이 되었다. 계몽주의는 기독교 문화에 대한 반발과 결부된 것으로서 인간의 이성에 바탕을 둔 지성주의를 특성으로 한다. 칼 호이시, 《일그러진 신의 얼굴》, 392쪽.

12 로버트 펑크, 《예수에게 솔직히》(한국기독교연구소, 1999), 161~164쪽.

13 오늘날에도 여전히 권위를 자랑하는 흠정역 성서(1611년)는 16~17세기에 '텍스투스 레셉투스Textus Receptus'라고 불렸던 그리스어 원문을 바탕으로 한 것이다. 텍스투스 레셉투스라는 표현은 라틴어

로 '받아들여진 본문'이라는 의미로서 출판업자의 선전문구에서 유래했다. 그러나 17세기 후반부터 텍스투스 레셉투스에 대한 도전이 시작되었고, 18세기부터 본격적인 본문비평이 진행되었다. 네스틀-알란 판은 그 결과이다. 네스틀-알란 판은 연구를 거듭하여 현재 27판이 사용되고 있다. 그리고 1971년에는 U.B.S.(United Bible Society)에서 성서 본문을 내놓기 시작하였고 현재 4판이 사용되고 있다. Nestle-Aland 27판과 U.B.S. 4판의 본문은 같다.

14 리처드 팔머, 《해석학이란 무엇인가》(문예출판사, 1883), 80~117쪽. 베티와 가다머의 논쟁을 통해서 현대 해석학의 경향을 소개하고 있다.

15 김경제, 《해석학과 종교신학》(한국신학연구소, 1994), 50쪽.

16 해석자의 전제를 부인할 수 없지만, 자신의 전제가 객관적일 수 있도록 노력하는 것이 해석자의 가장 기본적인 자세다. 해석자는 자신의 전제가 안고 있는 한계를 인정해야 한다. J. D. G. Dunn & J. P. Mackey, *New Testament Theology in Dialogue*(London : SPCK, 1987), 4~5쪽.

17 헤이스는 《신약성서》의 윤리를 다루면서 성서 윤리가 성서의 문자적 이해에서 비롯해서는 안 된다고 강조한다. 성서를 근거로 윤리적 판단을 하는 것은 성서와 우리의 삶 사이에서 일종의 상상력을 발휘하는 것이다. 헤이스는 이 상상력을 통해서 그때와 지금의 유비를 발견할 수 있다고 강조한다. 말하자면 메타포적 병렬을 발견하는 것이다. 성서 읽기에서 상상력의 힘을 말할 수 있는 것은 성서의 역사적 정황에 대한 이해를 요구하는 것이다. 헤이스는 이런 관점에서 성서 윤리를 끄집어냄으로써 성서를 통해 세계를 새롭게 정의할 수 있는 가능성을 보여준다. R. B. Hays, *The Moral Vision of The New Testament*(Harper San Fransisco:Harper Collins Pubilshers, 1996), 298

~304쪽.

18 J. D. G. Dunn, *New Testament Theology in Dialogue*, 4~7쪽.

19 몰트만이 해석학에서 중요한 것은 해석자의 세계관의 문제라고 지
    적한 것은 이런 의미다. J. Moltmann, *Was Ist Heute Theologie?* (Freiburg
    : Herder, 1988), 21~24쪽.

20 성서가 역사적 산물이라는 것은 성서의 내용이 역사적 정황에 대한
    반응을 내포하고 있다는 뜻이다. 오택현 등이 펴낸 《성서시대의 역
    사와 신학》(크리스천 헤럴드, 2000)은 기독교 역사에서 중요한 역사
    적 배경과 그에 대한 신학적 반응을 쉽게 분석하고 있다. 특히 졸고
    〈헬레니즘 세계와 기독교의 형성〉은 헬레니즘이 기독교에 미친 영
    향과 기독교의 반응을 설명한다.

21 《신약성서》에 끼친 묵시문학적 전망의 영향은 아무리 강조해도 지
    나치지 않다. 그것은 《신약성서》의 내용을 담는 그릇과 같다. 캐제
    만이라는 신학자는 묵시문학을 《신약성서》의 어머니라고 할 정도
    로 묵시문학의 중요성을 강조했다. 묵시문학의 전반적 특성과 그것
    이 《신약성서》에 반영된 특징들은 김호경·오택현, 《성서묵시문학
    이해》(크리스천 헤럴드, 1999)를 참고하라.

22 이스라엘은 바빌론 포로 시대인 기원전 6세기 이후 다시 나라를 찾
    은 1948년까지 내내 나라 없는 민족으로 떠돌았다. 그러나 기원전
    140년에서 기원전 64년에 이르는 짧은 기간 동안 독립 왕조를 이룰
    수 있었는데, 이를 하스몬 왕조 혹은 마카바이오스 혁명으로 탄생한
    연유로 마카바이오스 왕조라고 부른다. 그러나 하스몬 왕조는 왕과
    제사장들의 부패로 말미암아 제 기능을 하지 못하고 멸망했다. E.
    로제세, 《신약성서배경사》(대한기독교출판사, 1992), 13~46쪽.

23 H. Balz & G. Schneider, *Exegetisches Wörterbuch zum Neuen Testa-
    ment II*(Stuttgart : Verlag W. Kohlhammer GmbH, 1980), 572~573쪽.

24 불트만이라는 신학자는 우리가 성서를 이해하기 어려운 것은 성서가 신화적 체계 속에서 씌어졌기 때문이라고 지적한다. 그는 현대인이 성서를 이해하기 위해서는 성서의 신화적 체계를 벗겨내야 한다고 주장했는데, 이를 비신화화라고 한다. 불트만은 비신화화 작업을 성서를 해석하는 수단으로 사용했다. 그러나 이러한 불트만의 입장은 단순히 신화적 체계를 벗겨내는 것이 아니라 그것을 재해석하고 그 기능을 제대로 이해하는 것이 중요하다는 견지에서 비판할 수 있다. 베커는 묵시문학적 전망 속에서 성서를 읽어야 하는 필요성을 지적함으로써 신화적 체계를 벗겨내는 불트만에 반대한다. 우리가 이해할 수 없다고 해서 가치가 없는 것은 아니라는 주장이다. R. 불트만,《예수 그리스도와 신화》(한국로고스연구원, 1994). J. C. Beker, *Paul The Apostle*(Edinburgh : T. T. Clark LTD, 1980).

25 《구약성서》에서 기름 부음을 받을 수 있는 자는 왕, 제사장, 선지자이다. 이로부터 메시아 즉 그리스도는 이 세 가지 기능을 포함하게 되었다. H. 마샬,《신약성서 기독교론의 기원》(한국기독교교육연구원, 1986), 103~119쪽.

26 예수의 다양한 호칭은 초기 교회의 다양한 예수 이해를 반영할 뿐 아니라, 그 이후의 역사에서도 예수의 모습을 다양하게 나타냈다. 펠리컨은 이처럼 다양한 예수 이해가 사회 문화적 배경과 연결되어 있음을 지적한다. J. 펠리컨,《예수의 역사 2000년》(동연, 1999).

27 던은《신약성서》의 특징으로 다양성을 강조하는 한편 그 다양성 속에 있는 통일성을 함께 이야기한다. 그리고《신약성서》의 기능은 바로 이 다양성과 통일성을 드러내는 것이라고 지적한다. 던이 말하는 《신약성서》의 기능은 다음과 같다. "《신약성서》는 기독교의 통일성을 정경화한다. 기독교의 다양성을 정경화한다. 승인 가능한 다양성의 범위와 한계를 정경화한다. 기독교의 발전을 정경화한다." 이러

한 던의 설명은 성서의 지향점과 함께 성서의 열린 세계를 드러내준다. J. D. G. 던, 《신약성서의 통일성과 다양성》(나단, 1988).

28 '역사적 예수'는 신약신학에서 중요한 주제다. 학자들은 다양한 자료와 관점을 바탕으로 예수의 역사적 모습을 찾기 위해 노력하고 있다. R. 펑크는 《예수에게 솔직히》(한국기독교연구서, 1999)에서 '역사적 예수' 문제의 연구사와 필요성 등을 다루고 있다.

29 성서를 이해하기 위해서는 성서의 기술 방식을 이해해야 한다. 헹엘은 성서의 표현은 신앙을 요구하는 역사적 보고에 목적이 있다고 지적한다. 즉 성서 기자들은 자신의 신학적 해석을 위해 역사적 사건을 끌어들임으로써 읽는 이를 신앙으로 초대한다. 역사적인 시점과 특정 장소에서 실제 인물을 통해 하나님의 활동을 표현함으로써 자신의 선포를 역사적인 보도로 만드는 것이다. 〈마태복음〉과 〈누가복음〉의 차이는 이러한 기술 방법에서 비롯한다. M. 헹엘, 《고대의 역사기술과 사도행전》(한신대출판부, 1990), 53~63쪽.

30 기원전 4년과 기원후 6년은 10여 년의 시간을 두고 떨어져 있지만, 상황적으로는 유사한 면이 있다. 기원전 4년은 폭군이던 헤롯이 사망해서 정치적으로 혼란했던 시기이며, 기원후 6년은 팔레스타인의 민중들이 폭정에 못 이겨 저항을 일으켰던 시기다. 예수의 탄생기로 지목되는 두 연대는 시간의 차이에도 불구하고 백성들의 고난이 극심했던 시기라는 면에서 메시아의 탄생에 의미를 부여한다고 볼 수 있다. 한국신학연구소 엮음, 《함께 읽는 신약성서》(한국신학연구소, 1994), 17~24쪽.

31 예수와 유대인 지도자들이 하나님을 서로 다르게 이해했다는 것은 하나님 나라를 다르게 이해했다는 뜻이다. 크로산은 예수의 하나님 나라가 하나님과 인간의 직접성을 강조하는 데 반해, 유대인은 자신들을 중개자로 내세움으로써 예수와 대립할 수밖에 없었다고 지적

한다. 더욱이 그는 유대인들의 이러한 이해를 당시의 보호자patron/
피보호자client라는 사회 구조 속에서 파악함으로써 하나님 나라를
보는 유대인들의 계급화된 사고를 적절히 보여준다. J. D. 크로산,
《예수는 누구인가》(기독교연구소, 1998), 137~140쪽.

32 율법에 대한 유대인의 경외심은 곧바로 율법을 연구하는 자, 즉 율
법학자에 대한 존경으로 이어졌다. 그들은 율법을 해석할 수 있는
비의적 담지자이기 때문이다. 탈무드 같은 유대인의 기록을 보면 율
법학자가 얼마나 많이 존경받았는지 알 수 있다. 따라서 예수가 율
법학자를 비난한 것이 얼마나 무모한 일이었는지도 알 수 있다. J.
예레미아스,《예수 시대의 예루살렘》(한국신학연구소, 1993), 301~
314쪽.

33 H. 마샬,《신약성서 기독론의 기원》, 79~87쪽 참고.

34 〈창세기〉 3장에 나오는 인간의 타락 이야기도 이러한 맥락에서 해
석된다. 하나님과 같이 될 것이라는 뱀의 유혹에 아담과 하와가 넘
어갔다는 것은 하나님과 같이 되고 싶은 인간의 욕망을 암시한다.
성서에서 말하는 죄란 인간이 그의 피조성을 벗어나서 창조주와 같
이 되려는 것을 의미한다. 이것이 결국 창조주와 피조물이라는 하나
님과 인간의 창조 질서를 파괴하고 하나님에게서 인간을 단절하는
결과를 초래한다.

35 가족들을 버리라는 것은 과거에 경건한 것으로 받들던 가치를 무시
하고 기존의 질서 밖으로 나오라는 뜻이다. G. 타이슨,《예수 운동의
사회학》(종로서적, 1991), 11~21쪽.

36 예수 선포의 이러한 특성 때문에 로핑크는 교회 공동체를 '대조사
회'라고 부른다. 즉 교회는 형제애를 통해서 기존 질서와 다른 새로
운 질서를 보임으로써 기존의 것과 구별되어야 한다는 것이다. 하나
님의 백성이라는 개념은 특정 민족을 지칭하는 것이 아니라, 구별된

거룩한 자를 뜻한다는 그의 지적은 교회 공동체가 넘어서야 할 배타
성을 분명하게 드러내준다. G. 로핑크,《예수는 어떤 공동체를 원했
나?》(분도출판사, 1987), 201~217쪽.

37 〈요한복음〉1장 40~42절에 따르면 시몬 베드로는 형제 안드레의
권유를 받고 예수에게 나온다. 따라서 베드로가 예수의 첫번째 제자
는 아니다.

게르하르트 로핑크, 《예수는 어떤 공동체를 원했나》(분도출판사, 1987)

《신약성서》의 메시지를 분석함으로써 예수의 의도를 찾아내려 한다. 이를 통해서 하나님의 백성의 의미를 밝혀내고 있는데, 예수를 따르는 자, 하나님의 백성이라고 하는 자가 그 시대에 어떠한 삶을 요구받았는지를 묻는다. 이 물음은 오늘 우리에게도 여전히 유효하다. 그러므로 이 책은 오늘날의 교회가 어떠해야 하는지 성서의 눈으로 바라보고 있다.

김호경 · 오택현, 《성서묵시문학연구》(크리스천 헤럴드, 1999)

이 책의 목적은 종말론에 대한 오해를 바로잡는 것이다. 성서에 나타난 묵시문학적 종말론의 배경과 특징을 언급하고, 그것이 성서에 끼친 영향을 사회학적 전망에서 설명한다. 역사적 전망으로 제시된 묵시문학적 종말론이라는 틀로 《신약성서》를 해석함으로써 성서의 기본적인 특징들을 이해할 수 있도록 했다.

로버트 브라운, 《도대체 무슨 뜻인가?》(한국신학연구소, 1994)

일반인을 위한 개론서로 가장 먼저 추천할 만하다. 책의 형식을 보면 마치 초등학교 학생을 상대로 하는 듯한 느낌마저 주지만 내용은 알차다.

성서의 특성과 성서에서 말하려는 메시지를 쉽게 잘 드러내고 있다. 하나님과 인간의 만남을 기록한 책이라는 성서의 특성을 통해서, 성서를 하나님의 전적인 계시로 이해하는 사람들에게 성서의 의미를 새롭게 드러내줄 것이다.

로버트 펑크, 《예수에게 솔직히》(한국기독교연구소, 1999)

조금 두꺼운 책이기는 하지만, 인내를 가지고 읽어볼 만하다. 이 책은 예수가 그리스도로 공인된 니케아에서 인간 예수가 살았던 갈릴리로 가는 긴 여행에 우리를 초대한다. 예수가 입었던 겹겹의 옷을 벗겨내고 예수에게 가야 하는 이유와 그 동안의 연구 과정을 잘 소개하고 있다.

리처드 팔머, 《해석학이란 무엇인가》(문예출판사, 1993)

해석학의 정의에서 시작하여 현대 해석학에 영향을 끼친 학자들을 소개함으로써 해석학을 비교적 쉽게 설명하고 있다. 주관주의와 객관주의라는 해석학의 신약신학의 두 흐름, 즉 해석학적 작업에 초점을 두는 것과 주석 작업에 초점을 두는 것에 상응한다. 그러므로 해석학을 이해하는 것은 성서 이해를 위해 꼭 필요한 일이다.

서중석, 《청정한 빛》(홍성사, 1996)

성서를 해석하는 다양한 방법 가운데, 사회학에서 사용하는 여러 방법을 이용해서 성서를 해석하는 사회학적 방법이 있다. 저자는 사회학적 방법으로 성서를 정밀하게 분석하는 신학자이다. 그의 논문을 접할 수 없는 일반인들에게 그의 신앙 에세이는 좋은 경험이 될 것이라고 생각한다. 이 에세이는 신학적 분석을 드러내고 있지는 않지만, 그의 분석을 바탕으로 새로운 성서의 모습을 발견하게 한다.

에드워드 로제, 《신약성서 배경사》(대한기독교출판사, 1984)

《신약성서》의 형성에 영향을 끼친 유대교와 헬레니즘, 로마를 다루고 있다. 1세기 팔레스타인의 정치적, 사회적 정황을 살펴봄으로써 역사 속에서 형성된 기독교의 특징을 설명한다. 이러한 배경 설명은 《신약성서》의 내용을 이해할 수 있는 기본적인 지식을 제공한다. 로제의 책이 전반적인 역사적 정황을 논하고 있다면, 오택현 등이 지은 《성서시대의 역사와 신학》(크리스천 헤럴드, 2000)은 역사적 배경 그리고 《신약성서》와 《구약성서》의 상관관계를 좀더 구체적으로 언급하고 있다. 6편의 논문은 각각 《구약성서》와 《신약성서》의 중요한 배경을 다룸으로써 성서와 역사의 긴밀성을 보여준다.

월요신학서당편, 《신약성서는 오늘 우리에게 이렇게 증언한다》(한국신학연구소, 1990)

신학 강좌의 연설 원고들을 정리한 책이다. 신학의 대중화와 신학 운동의 저변 확대를 목적으로 열린 강좌였던 만큼 성서를 쉽게 소개하려는 노력이 담겨 있다. 일곱 명의 신학자가 펼친 여덟 개의 강연은 기독교에서 관심 있게 다루는 주제들을 새롭게 해석해 보여준다. 여러 신학자들의 강의를 한꺼번에 듣는 즐거움을 누리면서 새로운 해석에 대한 이해를 넓힐 수 있다.

이현주, 《예수와 만난 사람들》(생활성서사, 1997)

《신약성서》의 주인공이 예수라면, 이 책의 초점은 주인공을 비켜 가고 있다. 예수가 아니라 예수를 만났던 사람들에게 관심을 돌려서 그들에게 예수가 어떤 존재였는지를 살려낸다. 관점과 형식이 새로워 신앙 이야기라면 고리타분할 것이라는 선입견을 지워준다. 지나치게 이원론적인 사고에서 출발하는 면이 있기는 하지만, 같은 상황, 같은 이야기라도 누구의 입장에 서느냐에 따라서 달라질 수 있는 관점의 변화를 살펴보는 재미가 있다.

정대현 외, 《표현 인문학》(생각의나무, 2000)

정대현, 박이문을 비롯해서 철학과 문학을 전공하는 8명의 중진 학자들이 5년에 걸쳐 연구한 결과이다. 표현 인문학은 인문학의 고전적 스타일인 읽는 인문학을 지양하고 인문학의 범위를 거의 무한으로 확장한다. 표현 인문학이란 인간을 주제로 삼는 모든 학문 행위를 일컫는다고 할 수 있다. 이 책은 소위 인문학의 위기에 처한 우리에게 인문학의 중요성과 앞으로 나아갈 방향을 제시해준다. 성서에서 인간의 회복이라는 주제를 찾아낸 나로서는 신학과 인문학의 연계성을 강조할 수밖에 없다. 이미 신학은 방법론적으로 문학이나 사회학과 연관을 맺고 있지만 앞으로 계속 학문과 새로운 관계를 맺어나갈 때 신학적 사고가 더 발전할 수 있다고 본다.

제임스 던, 《신약성서의 통일성과 다양성》(나단, 1988)

일반인들에게는 좀 어려운 책일 수 있다. 그러나 역사적 산물이며 신앙적 고백이라는 《신약성서》의 특징을 이처럼 잘 드러내고 있는 책도 드물다. 다양성과 통일성이라는 말은 《신약성서》의 특징을 집약적으로 표현해준다. 성서에 나타난 다양성을 상황의 다양성과 연결하고, 그 다양성의 지향점을 함께 지적한 것이 돋보인다. 그는 성서가 초기 기독교의 발전 모습을 그대로 반영하고 있다고 지적하면서, 이 발전을 통해 예수 사건을 해석한다.

제임스 스마트, 《왜 성서가 교회 안에서 침묵을 지키는가》(컨콜디아사, 1991)

우리 책과 가장 유사한 주제를 다루고 있는 책이다. 성서가 어떤 책인지를 해석학적 측면에서 설명하고 있다. 성서 해석의 필요성을 주장하고 있지만, 성서를 교회에만 연결하는 것이 조금 불만이다. 성서를 좀더 포괄적으로 해석하는 관점을 담았으면 하는 바람이다. 그러나 성서가 오해되고 왜곡되었다는 문제의식에서 출발하고 있기 때문에, 성서의 권위에 대한 바른 이해를 심어줄 수 있다

존 도미닉 크로산, 《예수는 누구인가》(한국기독교연구소, 1998)

크로산 교수는 역사적 예수 연구의 권위자이다. 그는 1세기 고대근동지방의 정치적, 문화적, 경제적, 종교적 상황에 대한 제반 자료들을 통해서, 성서 속 예수의 신학적 모습을 걷어내고 인간 예수에 접근한다. 이를 위해서 그는 교차문화적 연구, 역사적 연구, 본문 연구 등을 사용함으로써 구체적인 역사 속에 살았던 한 남자, 예수를 찾아낸다. 이 책은 특히 그의 연구를 접한 독자들의 반응을 함께 싣고 있어 흥미롭다. 책은 독자들의 반응과 질문에 크로산이 답하는 방식으로 전개된다. 역사적 예수를 다룬 책들이 대개 그렇지만, 이 책에서 우리는 교회에서 들을 수 없었던 파격적인 인간 예수와 그의 메세지를 발견한다. 크로산이 소개하는 예수를 받아들일 것인지 아닌지는 각자 결정할 일이다. 그러나 이 책을 통해서 자신은 예수를 누구라고 생각하는지, 왜 예수를 그리스도로 믿을 수 있는지, 그것이 무엇을 의미하는지를 한번쯤 새롭게 생각해볼 수 있을 것이다.

최영실, 《신약성서의 여성들》(대한기독교서회, 1997)

성서를 해석할 때 해석자의 세계관은 중요한 역할을 한다. 해석자가 어떤 관점을 지니는가에 따라서 성서에서 꺼낼 수 있는 이야기가 매우 다양해지기 때문이다. 70년대 이후로 해석자의 다양한 시각이 반영되면서 성서를 제1세계 백인 남성의 시각으로만 보는 것에 반대하여 새로운 해

석들이 등장했다. 해방신학이나 민중신학, 여성신학 등이 그것이다. 이러한 신학적 경향은 그 동안 소외되었던 민중이나 여성들의 처지에서 성서를 새롭게 해석한다. 이 책은 여성의 눈으로 성서를 새롭게 해석한 것이다. 해석자의 시각이 바뀔 때, 같은 본문이 어떻게 다른 메시지들을 전할 수 있는지 경험할 수 있을 것이다. 또 새로운 관점의 중요성도 맛볼 수 있다.

한국신학연구소 성서교재위원회, 《함께 읽는 신약성서》(한국신학연구소, 1994)
《신약성서》를 알기 위해서는 《신약성서》 개론서들을 읽어보아야 한다. 그러나 비전공자들이 개론서를 읽는 것은 성서를 읽는 것만큼이나 지루한 일인데, 이 책은 비교적 지루하지 않은 개론서라고 할 수 있다. 민중이라는 개념을 가지고 성서를 읽음으로써 성서가 역사 속에서 민중과 함께 엮어내는 이야기를 소개하기 때문이다. 정보 제공이라는 개론서의 성격 외에 민중 이야기를 덧붙임으로써 지루함을 덜어준다. 더욱이 역사 속에서 예수와 함께한다는 것의 의미까지 생각하게 하는 이점이 있다. 그러나 성서를 보는 이러한 시각을 거부하는 독자라면 김득중의 《신약성서개론》(컨콜디아사, 1990) 같은 다른 개론서를 읽고 이 책의 장단점을 스스로 가늠해볼 수 있다. 김득중의 책은 성서의 각 책들에 대한 기본적인 정보를 제공해준다.

칼 호이시, 《일그러진 신의 얼굴》(도서출판 임마누엘, 1988)
그리스도가 탄생한 헬레니즘, 로마 세계에서 근대에 이르는 교회사를 서술하고 있다. 이 책의 특징은 교회사를 세계사와 함께 이야기함으로써 사상사의 흐름 속에서 교회의 발전 과정을 설명한다는 것이다. 교회의 발전은 세계사의 흐름과 밀접한 관계를 맺고 있으며 세계사적 사상의 변화는 교회에 영향을 주기도 했다. 그러나 편집자들이 '일그러진 신의 얼굴'이라는 제목을 붙인 것처럼 교회의 역사는 긍정적인 것은 아니었다. 이 책에 나타난 바대로 비극이라 할 수 있다. 이 책은 교회가 권력을 잡기 위해서 교리와 제도를 어떻게 사용했는지를 보여준다. 이러한 역사는 교회가 이 세상에서 무엇을 해야 하는지를 생각하게 함으로써 우리에게 새로운 교훈을 준다.

토를라이프 보만, 《히브리적 사유와 그리스적 사유의 비교》(분도출판사, 1982)
서양 사유의 두 흐름인 히브리적 사고와 그리스적 사고를 비교함으로써 성서 이해의 지평을 넓힌다. 유대교와 헬레니즘이 성서 형성에 영향을 끼쳤기 때문에, 히브리적 사고와 그리스적 사고를 이해하는 것은 성서를 이해하기 위한 필수 조건이다. 성서에 나타난 언어와 표현의 의미를 이해할 뿐 아니라 서양사를 이해하기 위해서도 기초가 되는 책이다. 번역이 좀 어렵게 된 듯해서 차라리 원문을 읽고 싶다는 유혹을 뿌리칠 수만 있다면, 성서의 세계에 발을 들일 수 있는 좋은 길잡이다.

인간의 옷을 입은 성서

초판 1쇄 펴낸날 | 2001년 2월 28일
초판 12쇄 펴낸날 | 2015년 3월 20일
개정 1판 1쇄 펴낸날 | 2020년 2월 5일

지은이 | 김호경
펴낸이 | 김현태
펴낸곳 | 책세상

주소 | 서울시 마포구 잔다리로 62-1, 3층 (우편번호 04031)
전화 | 02-704-1251(영업부) 02-3273-1333(편집부)
팩스 | 02-719-1258
이메일 | bkworld11@gmail.com
광고제휴 문의 | bkworldpub@naver.com

홈페이지 | chaeksesang.com   페이스북 | /chaeksesang
트위터 | @chaeksesang   인스타그램 | @chaeksesang   네이버포스트 | bkworldpub

등록 1975. 5. 21 제1-517호

ISBN 979-11-5931-442-1 04110
      979-11-5931-400-1 (세트)

* 이 도서의 국립중앙도서관 출판시도서목록(CIP)은 서지정보유통지원시스템 홈페이지
(http://seoji.nl.go.kr)와 국가자료공동목록시스템(http://www.nl.go.kr/kolisnet)에서
이용하실 수 있습니다.(CIP제어번호 : CIP2019048542)